中公新書 1838

薩摩秀登著

物語 チェコの歴史

森と高原と古城の国

中央公論新社刊

まえがき

チェコというとどんな国が思い浮かぶだろうか。ヨーロッパ東部の少々奥まった内陸部で、スラヴ系の民族チェコ人が創る小さな国家だろうか。地域色あふれる個性豊かな文化を生み出してきた国、歴史を感じさせる重厚な街並みで訪れる人を魅了する国、といったイメージも強い。あるいは東欧では屈指の工業技術を誇る国として記憶されている方々も多いだろう。そして、複雑な民族問題や国際関係を抱えた東欧で、歴史の荒波に翻弄されながらも、たくましく、したたかに生き抜いてきた国という捉え方も、かなり一般的ではないだろうか。

これらはどれも、この国のある側面を言い当てている。特に、二〇世紀に入ってからのチェコが、激動に満ちた歴史をくぐり抜けてきたことは事実である。東隣のスロヴァキアと合同してハプスブルク帝国から独立し、チェコスロヴァキア共和国が誕生したのが一九一八年。その後まだ一世紀も経たないのに、この国は周辺国による侵略や政治的動乱を何回も経験してきた。時には、その過程で多くの人々が犠牲になった。第二次大戦後は東側陣営に属してきたが、一九八九年の民主化で四〇年以上にわたる社会主義政権に別れを告げた。その後は、別々の独立国となったスロヴァキアとともに、ヨーロッパ諸国の一員としてほぼ順調な道を歩んでいる。それでもやはり、チェコが「大国のはざまにある小国」の一つであることに変わりはない。

しかし、歴史の荒波の中にある小さな民族の国というイメージの陰に、しばしば見落とされがちな事実があることも忘れてはならない。今でこそチェコは、スラヴ系に属する主要民族チェコ人が九割以上の圧倒的多数を占める国だが、第二次大戦前は、ドイツ人やユダヤ人なども含む多民族国家であり、チェコ人はスロヴァキア人と合同で国家の「主要民族」となっていた。しかしドイツ人やスロヴァキア人との共存は成功したとはいえず、それが結局はナチス・ドイツによる侵略と共和国解体の伏線となった。さらに、第二次大戦後の共産党による政権奪取はかなり強引に行なわれたが、これが成功したのは、一つには国民の間に共産党への一定の支持があったからであり、必ずしもソ連による一方的な押しつけとばかりは言い切れない。「大国に翻弄された小国」というイメージだけですべてを見ない方がよいのである。

そして、歴史をこれよりも以前に、すなわち近世(おおよそ一六〜一八世紀)や中世(おおよそ九〜一五世紀)にさかのぼる時、われわれはしばしば、一〇〇〇年以上にわたるチェコの歴史をすべて「チェコ民族の国家の歴史」とみなすという落とし穴に陥りがちになる。国家としてのチェコは九世紀から一〇世紀にかけて姿を現し、一四世紀に中世王国としての頂点を迎えた。一五世紀になるとフス派戦争という一種の宗教紛争が起こり、この国は一転して動乱の時代に突入するが、かつてこのフス派の運動は、チェコ人という民族がヨーロッパの諸国民に先駆けてカトリック教会の権威に挑戦した、輝かしい闘争として喧伝された。そうした類の解釈は今でも時折見かけるが、果たして六〇〇年近くも前のこの紛争を、単純に現代の民族概念にもとづいて解釈してよいものだろうか。

そして一六世紀から二〇世紀初頭まで、チェコはオーストリアのハプスブルク王朝の統治下に置かれる。その間、ハプスブルク帝国政府とチェコの人々は、確かに時には対立することもあったが、この王朝の側には、チェコという国を抑圧しようという意図は全くなかった。それにもかかわらず、この三〜四世紀間はドイツ人という異民族の王朝のもとでチェコ人が抑圧された時代であった、といった見方がかつてはあったし、今でもしばしば見かける。そして、こうした帝国からチェコ人が、あたかも中世のチェコ王国を復活させるかのように独立し、激動をくぐり抜けて今日のチェコを築いた、といった解釈が、この国の歴史を語る時にはいまだにつきまとうのである。

実は、このような民族中心の歴史観は、一九世紀に、他のヨーロッパの地域同様、チェコにも国民社会が形成されていく過程で、スラヴ系のチェコ語を話す民族としてのチェコ人が、自分たち独自の国づくりに根拠を与えるために生み出したものである。そこでは、中世のチェコも現代のチェコと同様、チェコ民族の国家であったことが最初から前提とされており、その後も長く、この見方はこの国の歴史叙述の基本となってきた。しかし近年、国際事情の変動により、また歴史観の変化に伴い、こうした「民族史観」には、大きな疑問がつきつけられている。そして、中世のチェコ王国と現代のチェコ共和国とを単純につなげて解釈するわけにはいかないこと、チェコの社会は中世から現代にいたるまで、はるかに多様な姿を持っていたことが明らかにされつつある。

しかし、もしもそうだとすると、何を軸にしてこの国の歴史を始まりから現代までたどればよいのだろうか。そもそもチェコという国の一貫した通史を書くことができるのだろうか。確かに制度的な意味では、中世のチェコ王国と現在のチェコ共和国の間に一定のつながりがないわけではない。そこで、国家の歴史を語るということで割り切って、政治的な事件や制度の変化をたどっていくという方法もあるが、それでは現実に生きた人々の姿は見えてこない。国王や皇帝など為政者の事績をつなげれば、それなりに一貫したものになるかもしれないが、チェコの歴史の多様な姿を捉えるという目的はあまり果たせそうにない。なるべくこの国の社会全体を視野に収め、その変化を追いながら、一つの流れとして歴史を描くことはできないものだろうか。

そこで本書では、一つの試みとして、時代ごとにその特徴をよく映し出していると思われる人物を中心にとりあげることで、チェコ史をたどってみたいと考えている。いわば、チェコに生きた人々の目を通した歴史である。その中には王族もいれば貴族もおり、聖職者もいるし、市民もいる。彼らは社会的地位も、暮し方も、言語も、宗教も多様であった。そうしたなるべく違ったタイプの人々を何人かとりあげ、その生き方をたどってみようと考えている。

ここに登場するのは、必ずしも、歴史にいつまでも名を残すような第一級の著名人ではない。生きていた当時は社会の先頭に立って活躍したが、時が経つにつれてしだいに歴史の中へと埋もれていったような人々が大きくとりあげられるだろう。それぞれの話は、互いにうまくつながるかもしれないし、つながらないかもしれない。つながらない場合、チェコという国自体に大きな変化が生じたのだと考えられる。それでも同じチェコに生きた人物の物語として、深いところに何か共通するものが潜んでいるかもしれない。こうした形で、チェコという国の大きな歴史の流れを浮かび上がらせてみたいと思う。

したがって、ここに示されるのはいわゆるチェコの通史とは少し違ったものである。重要な人物や事件でも、ほとんどとりあげられないか、あるいはほんのわずかしか触れられていない場合がある。歴史の節目となった事件などは背景に退き、そのはざまで生きてきた人々に光があてられる。本書は、このような形で従来とは一味違ったチェコ史をたどろうという、一つの試論のようなものだと考えていただければと思っている。

あらかじめ、簡単に本書の内容を紹介しておきたい。

第一章は、チェコという国が登場する以前のいわば前史にあたる。現在のチェコがある地域は、中世初期から、東西の帝国のはざまに位置していた。そこに登場したモラヴィアという国と、そこでのキリスト教布教活動を焦点に、この地域の置かれた状況を描く。

続く二つの章は、中世チェコ王国が最盛期へと向かっていく過程をたどる。第二章はプシェミスル王朝時代の、王家に生まれた女性の宗教活動を通して王国の姿を浮かび上がらせ、第三章では、皇帝でもあったルクセンブルク朝の名君カレル四世が、いかにプラハを拠点に神聖ローマ帝国を統治しようとしたかを見てみよう。プラハ市街の骨格はこの時代に作られたので、当時のプラハを現在のプラハと重ね合わせてみることもできるだろう。

第四章では、かつては民族の英雄と称えられた宗教改革者ヤン・フスの実像に迫ってみたい。カトリック教会を相手に、火刑に処せられることさえ恐れずに信念を貫き通したフスは、何を主張したかったのだろうか。そしてそれはその後のチェコにどのような影を投げかけたのだろうか。

続く二つの章は、中世から近世への移行期を扱う。中世王国の繁栄した時代は過ぎ去ったが、次のハプスブルク王朝の権力はまだ確立していない。この時期に活躍したのは、全国各地に城を築いて広大な領地を治めた貴族たちであり、あるいは新しい文化の摂取に努めた市民たちであった。第五章はモラヴィアの山間部から頭角を現した貴族ペルンシュテイン家の栄光と没落の歴史をたどり、第六章は書籍出版の中心地としてのプラハの名を一躍高めたある市民の一生を描く。

次の章からはハプスブルク王朝の安定期に入る。ハプスブルク家といえば、ウィーンを中心としてドナウ川流域に広大な帝国を築いた王朝だが、彼らはチェコをどのように支配したのだろうか。第七章では、プロテスタントを排除してチェコで完全な勝利を収めたといわれるカトリック教会が、実はプラハ大学の管轄権をめぐって大揺れに揺れていたことに触れる。そして第八章では、ハプスブルク帝国の一拠点として平和な生活を享受していた一八世紀プラハの市民がモーツァルトのオペラに熱狂する姿を通して、この時期のチェコ社会の様子を見てみることにしたい。

第九章は、一九世紀末のプラハで開かれた博覧会を通して、チェコが近代的国民国家への道を歩んでいく様子をたどる。プラハの公園の一角に展示された機械や製品を眺めて驚嘆していた人々は、それらの展示物の向こうに何を見ていたのだろうか。

そして二〇世紀を扱う最後の第一〇章だけは、特定の事件や人物を対象とせず、チェコ人とともにチェコスロヴァキア共和国を構成していたいくつかの民族集団に焦点をあてながら、変わりゆく現代のチェコの姿を追ってみることにする。

このようにして、時代ごとの特徴をつかみながらチェコ史全体をたどることで、何が見えてくるであろうか。ではさっそく、チェコという国がまだ登場していなかった中世初期の物語から始めていきたい。

物語　チェコの歴史　目次

現在のチェコ共和国
ポーランド
レグニツァ
ヴロツワフ
オポレ
カトヴィツェ
クラクフ
フラデツ・クラーロヴェー
パルドゥビツェ
リトミシュル
オパヴァ
オストラヴァ
ハヴリーチュクーフ・ブロト
オロモウツ
プロスチェヨフ
ペルンシュテイン城
チシュノフ
イフラヴァ
モラヴィア川
ズリーン
ジリナ
ブルノ
モラヴィア
ウヘルスケー・フラジシュチェ
ズノイモ
ブジェツラフ
バンスカー・ビストリツァ
スロヴァキア
ドナウ川
ニトラ
ブラチスラヴァ
ウィーン
ショプロン
ジェール
ブダペスト
ハンガリー

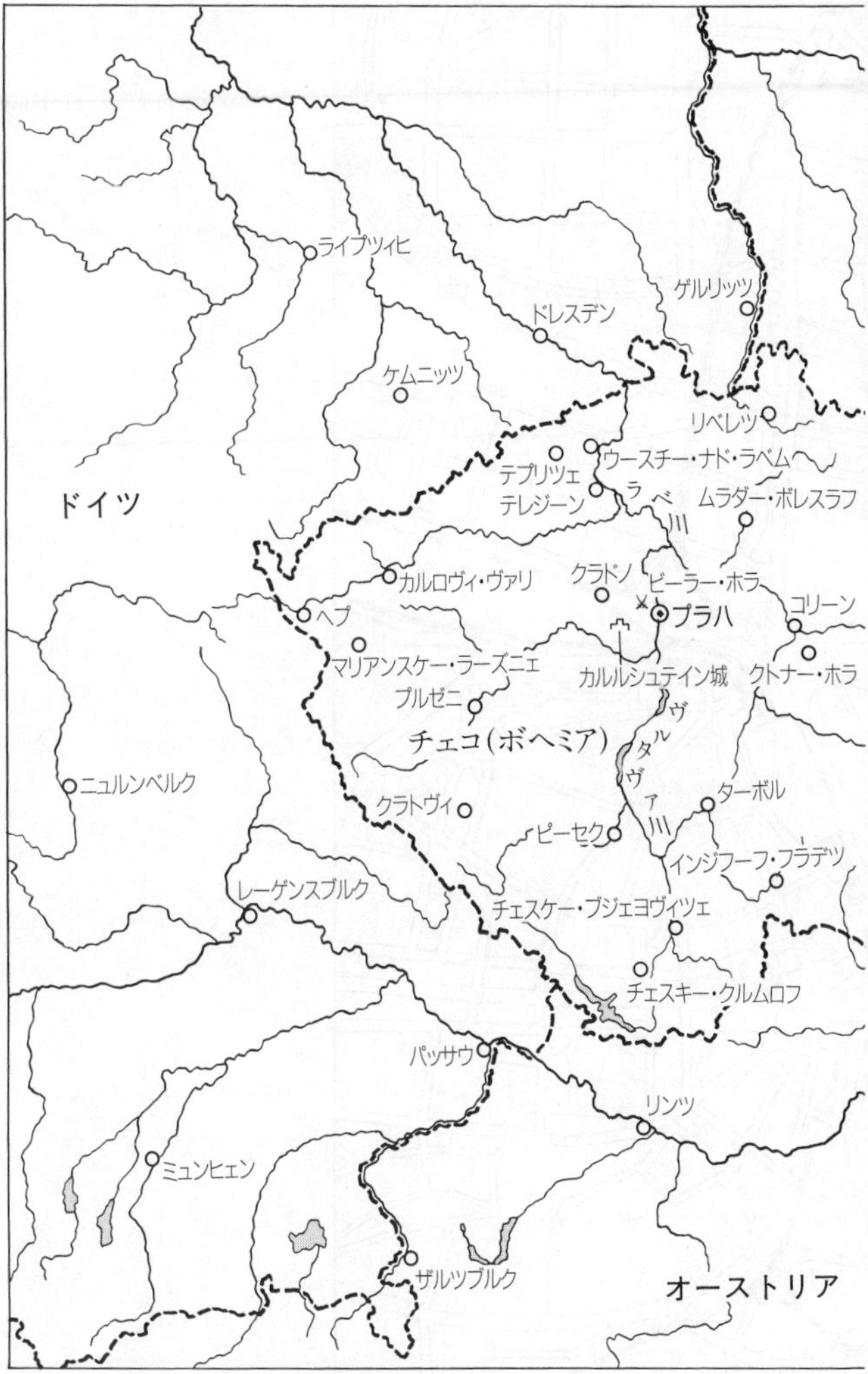
ライプツィヒ
ゲルリッツ
ドレスデン
ケムニッツ
リベレツ
ウースチー・ナド・ラベム
テプリツェ
テレジーン
ラベ川
ムラダー・ボレスラフ
ドイツ
カルロヴィ・ヴァリ
クラドノ
ビーラー・ホラ
プラハ
コリーン
ヘプ
マリアンスケー・ラーズニェ
カルルシュテイン城
クトナー・ホラ
プルゼニ
ヴルタヴァ川
チェコ(ボヘミア)
ニュルンベルク
ターボル
クラトヴィ
ピーセク
インジフーフ・フラデツ
レーゲンスブルク
チェスケー・ブジェヨヴィツェ
チェスキー・クルムロフ
パッサウ
リンツ
ミュンヒェン
ザルツブルク
オーストリア

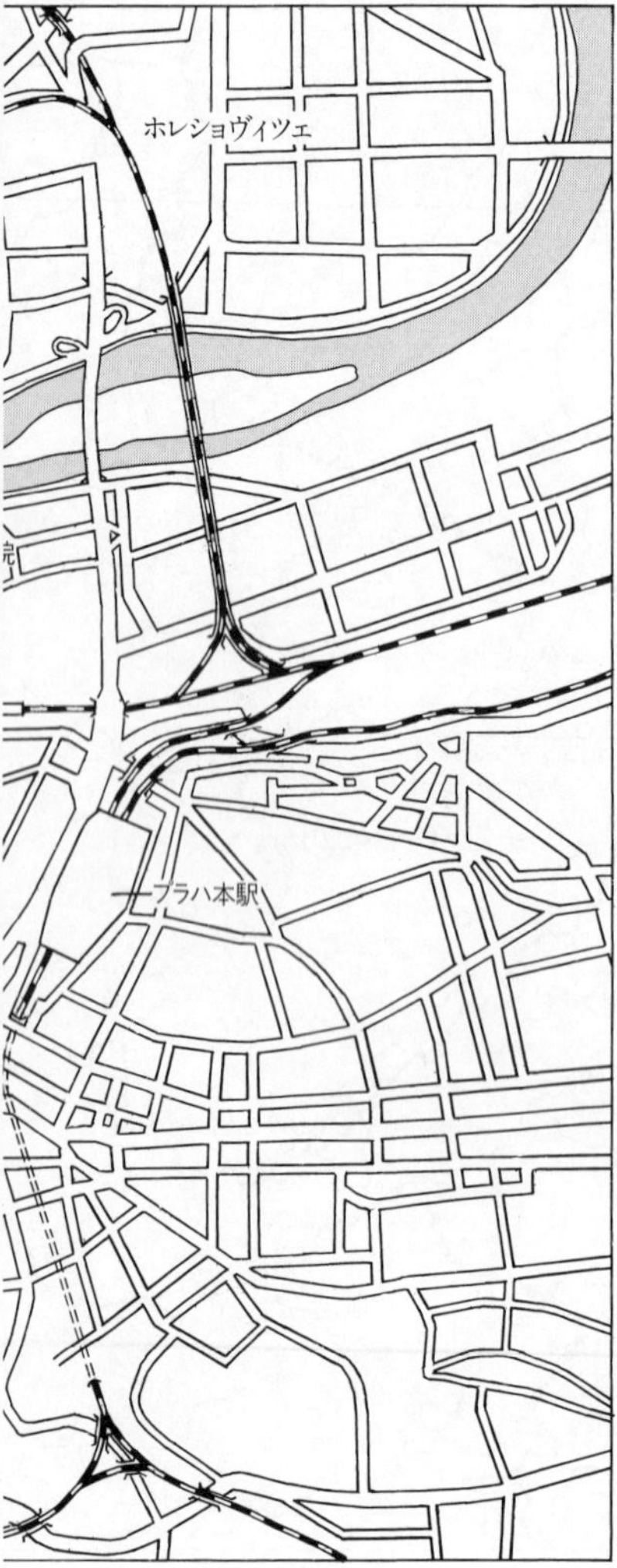
ホレショヴィツェ
プラハ本駅

現在のプラハ
ストロモフカ
産業宮殿
レトナー公園
ヴルタヴァ川
フラチャニ
プラハ城
聖アネシュカ修道院
小市街広場
旧市街広場
クレメンティヌム
旧ノスティツ劇場
(現エステート劇場)
カレル橋
旧市街
ペトシーンの丘
小市街
ベトレーム礼拝堂
ヴァーツラフ広場
国民劇場
国民博物館
カレル広場
新市街
ナ・スロヴァネフ修道院
ベルトラムカ
聖母マリアおよび
聖カール大帝教会
ヴィシェフラト

物語 チェコの歴史

第一章　幻のキリスト教国モラヴィア

――キュリロスとメトディオスの遠大な計画

ビザンツ帝国への使者

エーゲ海と黒海をつなぐボスポラス海峡に臨む街イスタンブール。かつてこの街はコンスタンティノープルと呼ばれ、ビザンツという帝国の首都であった。その宮廷に、九世紀の半ば、モラヴィア王国という遠方の国の使者が訪れ、皇帝ミカエル三世に次のように伝えた。「私たちの国は異教を捨て、キリスト教の掟を守っています。しかし私たちに、私たち自身の言葉で本当のキリスト教の信仰を教えてくれる教師がいないので、よその国々の模範となることができません。それゆえ陛下、私たちにそのような司教であり教師である人物を派遣していただけませんでしょうか」。

これを聞いた皇帝は、顧問たちと相談した結果、ギリシアのテッサロニキ出身の二兄弟コンスタンティノスとメトディオスをこの任にあてることに決めた。このうち年長なのはメトディオスで八一五年生まれ、すでに帝国官僚として多くの業績をあげており、また弟のコンスタンティノスは八二六年ないし八二七年の生まれとされていて、高名な学者として広く注目を集めていた人物であった。また彼らの出身地テッサロニキ周辺には、モラヴィア王国と同系統のスラヴ人がたくさん住んでおり、二人がギリシア語のほかにスラヴ人の言葉にも堪能だったことが、この任務に選ばれた理由の一つでもあったという。コンスタンティノスの才能がことのほか際立っていたらしく、彼の名を先に並べるのが習慣になっている。

このできごとは、八六三年頃のことと考えられている。ではモラヴィア王国がこのような使者を派遣することになったのはなぜだろうか。その理由はしばしば次のように説明される。モラヴィア王国は、その西隣にあった東フランク王国（ほぼ後のドイツ王国にあたる）と、その配下のカトリックの聖職者たちの強い圧力をかわすために、正教会の本拠ビザンツに支援を求めた。そして東の帝国の皇帝ならば、ドイツ語やラテン語ではなく、自分たちが話すのと同じスラヴ語で教えを広めてくれる人を派遣してくれると期待したのだ、と。すなわち、モラヴィアが「西」ではなく「東」と結びつくことを選んだ結果が、この使節派遣という事業だったのだ、と。

しかし本当にそうだろうか。実はモラヴィア王国は、この二年ほど前にまずローマ教皇に同じことを要請して断わられており、次の手段としてこの東方の皇帝に頼ることになったのである。」カトリック勢力に対抗しようとしたのならば、なぜ最初からビザンツに向かわなかったのであろうか。そもそもこのモラヴィア王国とはどのような国で、何のためにこのような外交を展開したのだろうか。これを理解するためには、モラヴィアの位置するヨーロッパ中央部の情勢を、さらに数百年ほどさかのぼってみる必要がある。

ドナウ川流域の情勢

ヨーロッパ有数の大河ドナウ川は、アルプス山脈に発するいくつもの河川を合わせて東へ流れ、やがてパンノニア盆地という広い平地に出る。そして現在のブダペスト北方で南へと曲がり、盆地の南端近くで再び東方へと流れを向けて、カルパティア山系を大きく分断して黒海へと流れていく。かつてローマ帝国がその最大版図を築いた頃、このドナウ川は帝国のほぼ北限を区切っていた。

その中流域から上流域にかけては、ゲルマン系の人々がいくつかの部族に分かれて住んでいた。しかし三世紀頃から、ローマの支配に陰りが見え始めるとともに、彼らはより住みやすい土地を求めて頻繁に移動するようになる。また最盛期を過ぎていたローマ帝国も、すでにこの広大な領域を統治する能力を失っていた。そして東西に分けられたローマ帝国のうち、西の帝国は五世紀後半に消滅し、かろうじて東の帝国だけが古代ローマの輝きをとどめながら、ビザンツ帝国という東地中海沿岸の帝国へと変貌しつつ、新たな発展の道を模索していたのであった。

こうしてローマの力がほとんど及ばなくなったヨーロッパ中央部で覇権を築いたのが、アヴァール人という遊牧民である。モンゴル系といわれるこの民族は六世紀後半に黒海北岸からドナウ川流域に現れ、一時はバルト海方面まで進出した。遊牧民帝国の例にもれず、彼らの支配は基本的には、貢納の取り立てや略奪遠征によって成り立っており、ビザンツ帝国を含めた周辺諸国は、定期的に貢納を支払うことで辛うじてその被害を免れていたのであった。

しかし、今日のフランスからドイツにかけての地域を支配していたゲルマン系の王国、フランク王国がカロリング王朝のもとで勢力を強めると、この状況にも大きな変化が訪れる。特に、その二代目のカール大帝はこの国を強大な帝国へと鍛え上げ、八〇〇年には西ローマ皇帝の地位に就いた。彼はキリスト教世界の最高支配者としての自覚のもとに、まだ服属していない周辺の人々の征服と、キリスト教への改宗とを、自ら先頭に立って推し進めた。古代ローマに倣って帝国の領域を拡大し、そこにキリスト教をあまねく広めることが、帝国統治者としての任務だと考えたのである。その最大の事業の一つがアヴァール人討伐であった。一〇年以上を費やした戦争の結果、八〇三年頃にアヴァール人の国家は崩壊し、フランク王国の東側には、まさにこれから征服されるべき広大な領域が開けたのである。

モラヴィア王国の登場

しかしこの領域には、すでにアヴァール人の支配のもとに生活していた住民すなわちスラヴ人がいた。もともと現在のポーランドからウクライナにまたがる地域に住んでいたスラヴ人は、六世紀から七世紀にかけて移動を始め、バルト海からアドリア海にいたる領域、すなわちほぼ現在の東欧全域に拡大したと考えられている。その後長い間アヴァール人に服属していたが、八世紀後半頃から彼らの間にも徐々に有力な首長が成長し始め、アヴァール人国家崩壊の後には、その一部が本格的な自立の動きを見せていたのであった。

その中でも特に有力だったのが、ドナウ川の支流モラヴァ川流域に拠点を築いていた首長モイミールおよびその一族である。彼らに率いられた人々すなわち「モラヴィア人」は八二二年のフランク王国側の史料に初めて登場する。またモイミールは八三三年頃にさらに東のニトラにいたプリビナという首長を追放し、この頃からモラヴィアはしだいに国家としての形を整えてくる。その版図は現在のチェコとスロヴァキアの境界付近に広がり、一部は現在のオーストリアやハンガリーにも及んでいたと推定されている。

ここでフランク王国側のなすべきことは明白であった。すなわちこのモイミール一族の国を服属させ、その住民を改宗させてキリスト教を広めることである。すでに述べたように皇帝とは、単に世界の最高支配者とみなされただけでなく、この世のすみずみにまでキリスト教を広める役割をも担っていた。要するに、フランク王国の勢力圏拡大とキリスト教の拡大とは、一体の事業として切り離すことのできないものだったのである。改宗に応じた人々は皇帝に服属した民として受け入れる。逆に改宗に応じない人々は、武力に訴えてでも強制的にキリスト教化すべきだと考えられていた。

一方、スラヴ人はもともと、さまざまな自然物や自然現象をいろいろな神の形に表わして崇拝していたらしい。しかしフランク王国の影響が及んでくると事情は変わってくる。特に首長のモイミールとその一族にとって、キリスト教を受け入れるかどうかは重大な問題であった。受け入れてキリスト教世界の仲間入りをし、同時に皇帝の支配のもとに入るべきか、あるいは討伐される危険をあえて承知で父祖伝来の宗教を守り通すべきか。

ここでモラヴィアの人々は、あまり迷うことなく前者を選択したらしい。発掘調査によれば、モラヴィアにはすでに八〇〇年頃に教会が存在したことが明らかになっている。モイミールのような首長にとってキリスト教を受け入れることは、キリスト教世界の一員になったことを示すという対外的意味を持つと同時に、皇帝の権威によって自分の支配の正当性を強めるという対内的な意味もあった。よその国の君主に服属してしまう方が有利だというのは、

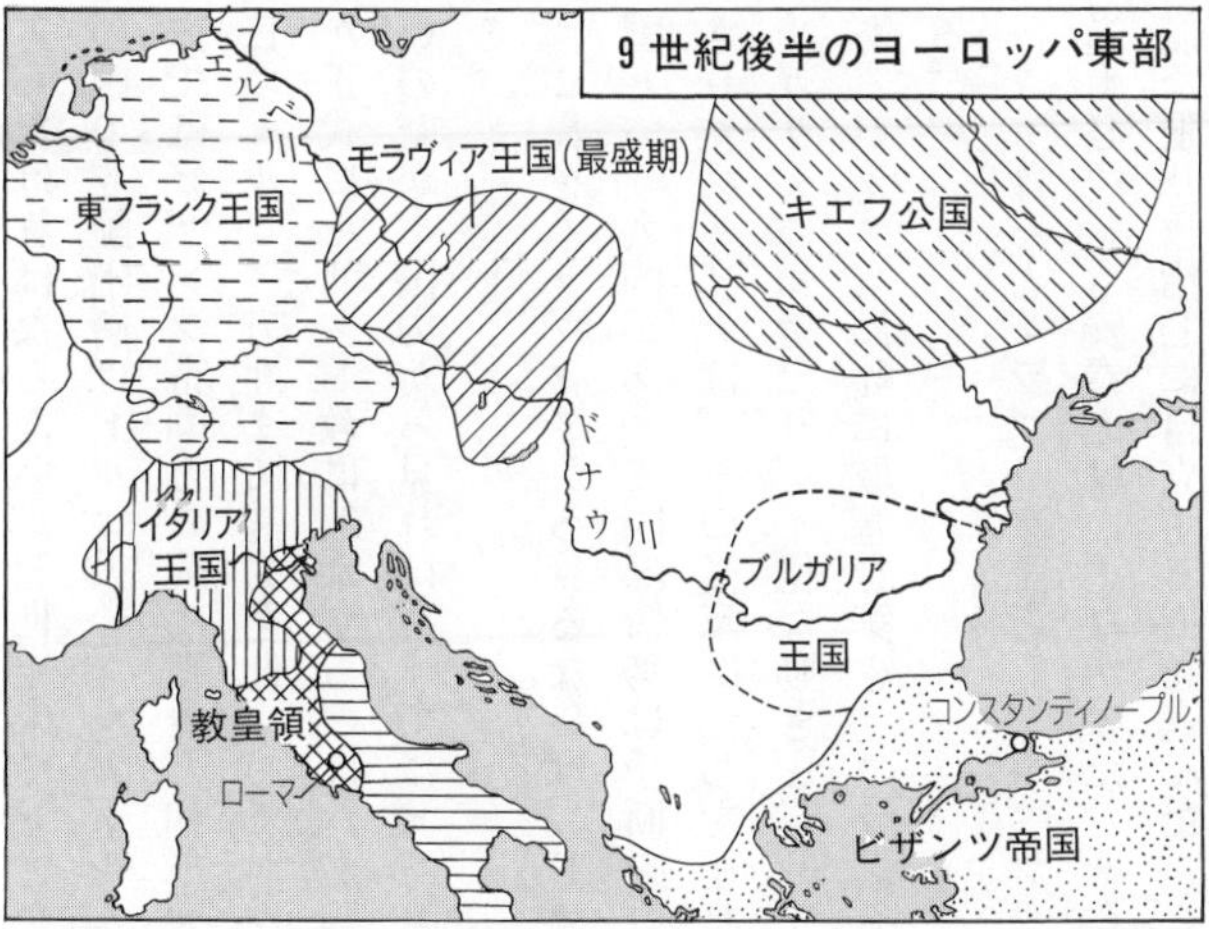

9世紀後半のヨーロッパ東部

現代の国際関係になじんだわれわれには少々理解しづらいが、中世以前の国家関係においては、こうした序列が存在するのは特に不思議ではなかった。それが神を中心としたキリスト教的世界秩序によって成り立っていれば、なおのこと当然だったのである。こうしてモラヴィア王国は、最初からキリスト教国として姿を現した。そしてフランク王国南東部の都市パッサウの司教が、モラヴィアの教会を管轄することが八二九年に決められている。

不安定な国際情勢

しかしながらやはりそこは、情勢の流動的なヨーロッパ中央部のこと。これでモラヴィア王国の安全が保証されたわけではなかった。

ここで、もう一つの重要な国家に登場してもらわなければならない。七世紀末にドナウ川下流域に建国されたブルガリア王国である。この国の支配階層はトルコ系のブルガール人であったが、住民の大半はスラヴ人であった。南方ではビザンツ帝国との間に戦争と和平を繰り返していたが、西方ではドナウ川に沿って今日のセルビア方面まで勢力を伸ばしており、フランク王国ともすでに接触があった。この国が正式にキリスト教に改宗するのは八六四年のことなので、その点ではモラヴィアよりも遅いのだが、国力から見れば、すでにビザンツ帝国をも圧倒する勢いを持つ大国だったのである。

これをモラヴィアから見るならば、ドナウ川の上流にフランク王国、下流にブルガリア王国という大国があって国際情勢は予断を許さないということになる。事実、ニトラから追放されたプリビナは、その後家臣たちを連れてフランク側に身を寄せたり、そうかと思うとブルガリアに頼ったり、不穏な動きを見せていた。そして最終的には現在のハンガリー西部にあるバラトン湖畔に城塞を築き、フランク側から正式にこの地方の君主として認められている。

こうなるとモラヴィア王としても、フランク王国に服属しつつ自分の国を支配するという道も必ずしも安泰とはいえなかった。そこでモイミールは、なるべく権力の足場を固めて可能な限り政治的に自立する道を選んだ。この頃フランク王国でも王家一族の内紛が相次ぎ、王国はしだいに西と東へ分離していく。しかしヨーロッパ中央部の盟主としての役割は東フランク国王によって受け継がれ、モイミールは結局八四六年に東フランク王ルートヴィヒによって廃位されてしまう。

代わってモラヴィア王になったのは、甥のロスチスラフであった。彼もまた東フランク王国との間に何度か戦火を交えたが、八七〇年に捕えられて東フランクのレーゲンスブルクに送られ、反逆の罪で裁判にかけられた後、目を潰されて修道院に幽閉されるという悲惨な末路をたどることになる。しかし彼は一つの重要な事業によって、歴史の流れに大きな一石を投じた。それが冒頭にあげた、ローマ教皇そしてビザンツ皇帝への使節の派遣である。

ロスチスラフがここで何をめざしたのかははっきりしている。すなわち政治的にだけでなく宗教的にも自立することである。すでに述べたようにモラヴィアはパッサウ司教の監督下に置かれていたが、この状態にある限り、いかに政治的に強力であってもキリスト教国としては一人前ではない。ここではどうしても、自前の司教を持った国になることが必要であった。ではそれを誰に願い出ればよいか。いうまでもなくローマ教皇である。

一人前のキリスト教国をめざして

ローマ教皇といえば、カトリック教会の最高位にあって「神の代理人」として絶対的な権力を振るう人物を想像しがちだが、九世紀の教皇はまだそれほど強くはない。西のカトリック教会と東の正教会とが正式に分離するのももっと後のことである。ビザンツ皇帝こそがキリスト教徒の最高指導者であるという東側の理念もまだ健在であり、こちら側からみれば教皇といえども所詮はローマという街の司教にすぎない。しかしローマ帝国の東西分割から数百年を経過したこの時期、教皇は徐々に、しかし着実に独自路線を歩みつつあり、ローマとビザンツの間には教義や典礼の方式をめぐってすでに多くの対立が生じていた。

では両者の間に位置するモラヴィアの立場はどうかといえば、やはりコンスタンティノープルからはだいぶ距離があるし、主にフランク王国経由でキリスト教を受け入れたという経緯もある。この国は西の教会に属すると考えるのがまず自然であった。その中で自立をめざすならば、まずローマ教皇の許可を得て自前の司教区を創ることが順当であろう。つまり問題は「西か東か」ではなくて「キリスト教国として自立できるかどうか」だったのである。そして自分たち独自の教会を育てるには、フランク王国の聖職者たちが使うラテン語ではなく、スラヴ人の言葉をなるべくならば重視したい。

しかし事はそう単純には運ばなかった。この頃ちょうど西フランク王と対立していた教皇ニコラウス一世は、東フランク王との友好を維持しなければならず、モラヴィア教会の自立を認めるわけにはいかなかった。断わられたロスチスラフは、それならば、ということでビザンツ皇帝の支援を仰ぐことになったのである。そしてビザンツ皇帝にとっても、宿敵ブルガリアとの対抗上、新興キリスト教国モラヴィアと提携することは決して不都合な話ではなかった。こうして、ギリシア人二兄弟がはるばるモラヴィアまで派遣されることが決まり、それが結果としては記念すべき成果を生み出すことになる。

ただしここで少々不明なことがある。コンスタンティノスは皇帝からも「フィロゾーフ」すなわち「哲学者」という異名で呼ばれたほどの俊才であったが、地位としては下級の聖職者にすぎない。兄のメトディオスは若い頃修道院に入ったことがあるものの、キャリアとしては官僚である。どちらも司教という高い聖職につくにはふさわしくない。おそらくビザンツ皇帝は、自分の影響が直接及ばない国にただちに司教を送り込むことに躊躇し、とりあえず有能な使節を派遣して両国の結びつきを深めようとしたのであろう。二人はすでに、外交使節として黒海北岸のハザール汗国に派遣された経験もあり、今回のモラヴィア行きもそのような仕事の一つとして委ねられたのだと考えられる。

新たな文字の考案

二人にはむしろ、モラヴィアからの使節の要請のうち「スラヴ人の言葉で本当のキリスト教の信仰を教える」という任務の方が、とりあえずふさわしかった。二人の出身地テッサロニキとモラヴィアは、距離的には一〇〇〇キロほども離れているが、スラヴ系の人々は広い地域に分散して住み始めてからまだ年月が浅く、言葉の違いもそれほど大きくなかった。

そしてコンスタンティノスは、モラヴィア行きの命令を受けると、ただちにスラヴ人の言葉を書き表わす文字を考案し、これを用いて『福音書選』などキリスト教関係の書物の翻訳にとりかかったといわれる。スラヴ人の言語は、発音の点から見てラテン文字のアルファベットで表記するといろいろな不都合が生じる。現在のチェコ語やスロヴァキア語、ポーランド語などは、ラテン文字にいろいろな工夫を加えて用いているが、コンスタンティノスは、全く新しい文字を考案するという方法を選んだわけである。ただしいかに才能に恵まれていたとはいえ、短期間で一つの言語の文字と表記法を考案するなどという仕事が本当にできたのかという疑問は残る。しかしここは「神の啓示によってたちまち文字をつくりあげた」という伝記の記述をあえて信用しておくことにしよう。

それはともかく、ここで重要なのは、コンスタンティノスの努力のおかげで史上初のスラヴ語の文章語が確立したことである。この言語は通常「古代スラヴ語」あるいは「古代教会スラヴ語」と呼ばれ、これを用いてこの後一一世紀頃までの間に生み出された文献が今でも伝わっている。ところがここで使われている文字は実は二種類あって、一つはグラゴール文字、もう一つはキリル文字と呼ばれる。コンスタンティノスが考案したのがどちらなのか、長い間論争があったが、現在では、グラゴール文字の方であろうということでほぼ意見が一致している。この文字は、形が複雑すぎたせいか、後に使われなくなってしまった。一方キリル文字は、グラゴール文字よりも簡便な表記手段として少し後に考案されたものと思われ、現在のロシアやウクライナ、バルカン方面で用いられるアルファベットの原型になっている。なお、二〇世紀になってから、モラヴィア出身の作曲家レオシュ・ヤナーチェクが、正教会の典礼文をこの古代スラヴ語に翻訳したテクストを用いて、傑作『グラゴール・ミサ』を作曲している。

モラヴィアへの最初の赴任

話が少々モラヴィアから離れてしまった。ここでは、モラヴィアに向かった二兄弟のその後の経過をたどることにしよう。

モラヴィアに到着した二人はロスチスラフから歓迎され、さっそく任務についた。そして著述や翻訳を進めるかたわら、現地の人々の中から優れた弟子を養成し、新たな教会組織の基礎固めに努めた。そして一通りの任務が終わった八六七年にこの国を後にした。この時、何人かの弟子を伴っていたが、おそらくビザンツで正式に高位聖職者として叙階を受けさせ、将来のモラヴィアの教会を任せようとしたのであろう。

ところが二人の運命は一転する。ヴェネツィアまで来たところで、母国ではミカエル三世が暗殺され、二人の庇護者であった総主教フォティオスも罷免されたという知らせが届いたのである。このまま帰国すれば政争に巻きこまれると考えた二人は一旦ローマに向かう。そしてこの時の教皇ハドリアヌス二世は、モラヴィアに自立した教会を創るというプランの意義をよく理解していたらしい。二人は教皇から手厚い歓待を受け、さらにスラヴ語を典礼用語として用いてよいという許可も勝ち取ることができた。本来、二人の任務は「スラヴ人の言葉でキリスト教を広めること」であったはずだが、ミサなどの典礼までスラヴ語で行なっていたのだから、かなり大胆な試みに踏み込んでいたことになる。しかしコンスタンティノスは、これ以上の活躍の機会に恵まれることなく、八六九年にローマで病死した。その直前に修道士となって、キュリロス（キリル）という名前を得ている。一方メトディオスは、教皇からシルミウム大司教という重要な職に任命され、再びモラヴィア方面に赴くことになった。

今、重要な職と書いたがこれには留保が必要である。シルミウムは今日のセルビア共和国の首都ベオグラードの西方にかつてあった街（現在のスレムスカ・ミトロヴィツァ）で、確かにローマ時代には司教座が置かれていたが、六世紀にこれは消滅し、九世紀にはほぼブルガリアの勢力圏にあった。教皇のお墨付きがあるからといって勝手に入り込める場所ではないし、そもそもモラヴィアの教会と直接の関係はない。教皇としては、パンノニア盆地方面への勢力拡大のためにメトディオスを用いようとしたのかもしれないし、あるいはとりあえず名目的に大司教という肩書きを与えて、モラヴィアにおける活動を支援しようとしたのかもしれない。

しかしモラヴィアにおけるメトディオスの活動再開には、さらに大きな困難が立ちはだかっていた。東フランク側の聖職者たち、特にパッサウ司教やザルツブルク大司教らが、メトディオスらの活動を激しく攻撃していたのである。もともと東フランクの教会から見れば、ビザンツ出身の二人の活動はあからさまな妨害でしかなかった。そして特に彼らの批判は、典礼用語としてスラヴ語を用いることに向けられた。神を讃えるための言語はヘブライ語、ギリシア語、ラテン語のいずれかであって、それ以外の言語を用いることは許されていない、と彼らは主張したのである。

ラテン語かスラヴ語か

しかもメトディオスが二度目にモラヴィアをめざした八七〇年という年は、ロスチスラフの政権がまさに崩壊しかかっている時であった。この時メトディオスを歓待したのは、父プリビナの後を継いでバラトン湖畔の政権を維持していたコツェルという人物だけであった。

結局メトディオスは東フランク側によって捕えられ、八七三年に教皇ヨハンネス八世の厳命で釈放されるまで、各地を転々とする獄中生活を送る破目になる。ようやく解放されてモラヴィアに戻った時、この国を統治していたのはロスチスラフの甥スヴァトプルクであった。

スヴァトプルクはモラヴィアの全盛期を築いた君主である。位に就くとただちに東フランクの軍隊を追い出してモラヴィアの独立を回復し、さらに勢力を北西、北東、そして南方へと広げた。その最大領域は、今日のチェコやスロヴァキアのほぼ全域を覆い、さらにドイツやポーランドの一部にまで広がった。南方にコツェルが維持していた独立政権もモラヴィアに併合されたらしく、この頃歴史上から姿を消している。

メトディオスにとってもこれは好都合であった。国家の拡大とともに自分の教会も発展するからである。それまでどちらかというと東フランクの教会とのつながりが強かったチェコからも、ボジヴォイという名の首長がスヴァトプルクの居城を訪問して洗礼を受けた。ボジヴォイはプラハおよびその近郊のレヴィー・フラデツ付近を本拠とする部族長であり、後にチェコ国家を建設するプシェミスル王朝で実在が確認できる最初の人物でもある。そして彼に洗礼を授けたのはメトディオス自身だったらしい。もしもスヴァトプルクによる軍事的征服と、メトディオスによる宗教的征服とがこのまま順調に手を携えて進んでいれば、ヨーロッパ中央部の広大な領域に、ローマ教皇直属で、しかも典礼用語としてスラヴ語を用いるという独特な教会が成立していたかもしれないのである。

しかし東フランクの聖職者たちは何としてもこれを阻止しようとした。彼ら「ラテン語派」とメトディオスら「スラヴ語派」の抗争に手を焼いたスヴァトプルクは、教皇の判断を仰ごうと再びメトディオスをローマに派遣した。八八〇年に教皇は、「スラヴ語派」の活動の正当性を完全に認める裁定を下したが、典礼の際にはまず福音書をラテン語で、次にスラヴ語で読み上げることという条件をつけた。まず従来の正式な言葉で読み上げ、その後それを土地の言葉に翻訳しなさいというわけである。

さらに教皇は、大司教メトディオスの管轄のもとに、ニトラ司教という新しい地位を設け、ヴィヒングという人物をこれに任命した。これは一見、モラヴィアの独立した教会を最終的に完成させた措置のように思われるが、しかしこのヴィヒングはむしろ「ラテン語派」に属する人物で、メトディオスの意には沿わなかったらしい。すでに老齢に達し、死期も近いことを察していたメトディオスは、自分が育てた弟子でモラヴィア出身のゴラストを後継者にすると宣言した。ゴラストはラテン語にもよく通じていたらしく、メトディオスとしてはこれで融和を図るつもりだったのかもしれない。そして八八五年四月六日、メトディオスは波瀾の生涯を終え、司教座聖堂に葬られた。

しかしこれは彼の事業の終わりをも意味していた。ヴィヒングら「ラテン語派」は、スラヴ語の典礼をただちに禁止し、従わない聖職者たちをモラヴィアから追放したのである。一部は投獄され、奴隷として売られた者もいたといわれている。こうした過程に王のスヴァトプルクがどのくらい関わっていたのかはよくわからない。モラヴィア王としては、教会の自立をも確実にするために「スラヴ語派」を支援したかったかもしれない。あるいはもしかすると、何語で祈りを捧げるかなどという問題で泥沼の対立を続けさせるよりは、とりあえず従来型のラテン語だけにとどめておいた方が得策と考えていたかもしれない。ともかくこうして、ヨーロッパ中央部に「スラヴ語で典礼を行なう教会」を創る計画は、完全に失敗したのである。

モラヴィア王国の崩壊

しかしそれだけではなく、モラヴィアの教会そのものが消滅する運命にあった。モラヴィア王国がその後間もなく崩壊してしまったからである。八九四年にスヴァトプルクが死ぬと、その息子たちは権力を求めて争いを始め、モラヴィアは徐々に衰え始めた。そしてこれに追い討ちをかけたのがマジャール人の進出である。

もともとウラル山脈方面に住んでいたとみられるマジャール人は、半農・半遊牧の生活をしながら一〇〇〇年以上もかけて徐々に黒海北岸へ、さらに西岸へと移動していった。八六〇年代頃からドナウ川中流方面に散発的に姿を見せ始めるが、八九〇年代に入り、ビザンツ帝国と同盟してブルガリアを攻撃したのが重要な転機となった。ブルガリアが黒海北岸の遊牧民ペチェネグ人と組んで逆にマジャール人を追い詰めたため、彼らはさらに西へ向かって、パンノニア盆地へ移らざるを得なくなったのである。

モラヴィアはこの新たな隣人と、とりあえずは仲良くやっていこうとした。というよりも、東フランクとの積年の対立が続く中で、新たな敵を作るわけにはいかなかったというのが実情である。しかし、かつてのアヴァール人と同じく略奪遠征が得意なこの隣人を放っておくことはできないとの判断から、九〇一年についに東フランクとモラヴィアの同盟が成立する。そして両国は何回かマジャール人に攻撃をしかけたものの、この弓矢と馬の扱いに長《た》けた半遊牧民の敵ではなかった。実際にどこでどのような戦闘があったかはあまり明らかではないが、九〇二年から九〇六年頃にかけてモラヴィア王国は壊滅的な打撃を受け、それとともにこの国の教会も消え去った。フランク王国もまた大敗北を喫して、その後約半世紀の間、東西フランク王国はマジャール人の遠征にさらされることになる。

こうして、ヨーロッパ中央部に一時は大帝国を築くかに見えたモラヴィアは、まさに一瞬にして崩壊した。マジャール人の攻撃を真正面から受けたのが直接の原因だが、広大で安定した国家を維持するだけの機構が伴っていなかったことも確かだろう。そしてこの国の支配が及んだ領域のうち、ドナウ川流域の大部分はマジャール人の建国するハンガリー王国の領土となった。北西のヴルタヴァ（ドイツ語名モルダウ）川流域にはチェコ王国が誕生し、北東のヴィスワ川上流には、ポーランド王国が生まれる。これらの諸国はいずれもローマ教皇を首長とする教会のもとに入り、ドイツやフランスなどと同じカトリックを全面的に受け入れた。「モラヴィア教会」の壮大な試みは、その後ろ盾となる国家とともに永遠に失われたのである。

しかしスラヴ語の典礼は場所を変えて生き延びた。モラヴィアから追放された「スラヴ語派」の一部はブルガリアに保護を求め、その国王ボリス一世に迎え入れられたのである。ボリスはブルガリア国王として初めて洗礼を受けた人物であり、ブルガリアの教会はコンスタンティノープルの教会に属することになった。しかしビザンツの影響があまり強くならないようにと願って国王が導入したのが、モラヴィア生まれのスラヴ語典礼だったとは、何とも不思議なめぐり合わせである。経緯はともかく、この導入は大成功を収め、その後のブルガリアやマケドニア地方では、古代スラヴ語によるキリスト教文化が見事に開花した。その結果としてスラヴ系の言葉は東方正教会で用いられる主要言語の一つとなり、キリル文字もキリスト教の伝播とともに各国に広まっていった。モラヴィアの国王による使節派遣は、確かに測り知れない成果を後世にもたらしたのである。

歴史の中のモラヴィア王国

しかしメトディオスらが活躍した本拠の方ではどうだっただろうか。実はチェコでも、あくまでカトリック信仰の中での話だが、古代スラヴ語は完全に忘れ去られたわけではなかったらしい。プラハの南東五〇キロほどの所にあるサーザヴァに一〇三二年に創設されたベネディクト派修道院では、当初、スラヴ語で典礼を行なっていたという記録がある。また、後にカレル四世がプラハの新市街に創設したベネディクト会のナ・スロヴァネフ修道院の場合には、守護聖人としてキュリロスすなわちコンスタンティノスとメトディオスがあげられており、クロアチアから修道士が呼ばれてきてスラヴ語で典礼を行なっていた。ここには、神聖ローマ皇帝でもあったカレルの政治的意図が見え隠れするのだが、ともかく古代スラヴ語は二兄弟の名とともに、チェコにおいても決して忘れられてはいなかったのである。

さらに一七世紀に入ると、ハプスブルク王朝のもとで二兄弟は正式にチェコの守護聖人となった。二人はスラヴ人に最初にキリスト教を広めた人物すなわち「スラヴ人の使徒」であったという解釈がしだいに広まり、彼らへの崇拝の熱は一九世紀になって急速に高まる。これは、近代になってチェコ人やスロヴァキア人の間で、自分たちはスラヴ系の民族であるという意識が広まったことと深い関係がある。スラヴ語を用いたキリスト教文化はまさに自分たちの国で生み出されたのだというわけである。実際にはモラヴィアはスラヴ語典礼を採用しなかったのだから、この主張は何となく滑稽なのだが、二人は今でもチェコやスロヴァキアにおいて最も重要な聖人として名を連ねている。

そして、九世紀に彗星のように姿を現し、一〇〇年と経たないうちに忽然と消えていったモラヴィア王国も、歴史の中でかなり特異な扱いを受けることになった。実はこの国は名称が一定していない。一〇世紀のビザンツ皇帝コンスタンティノス七世が、その著述の中で「大モラヴィア」という用語を使っていることから、近代になって「大モラヴィア帝国」という大げさな呼び方も通用するようになってしまった。最盛期のスヴァトプルク時代はともかく、それ以前のモラヴィアは公国あるいは王国と呼ぶのが適当であろう。

呼び名はともかくとして、もっと重大なのは、この国がチェコとスロヴァキアの共通の祖先として位置づけられたことである。すなわちモラヴィアは、後のチェコとスロヴァキアの境界にまたがっていたことから、チェコ人とスロヴァキア人がかつて共存していたことの証として、一九世紀以降、しばしば引き合いに出されることになった。要するに、モラヴィアが崩壊した後、チェコ人は自分たちの国家を創り、スロヴァキア人はハンガリーの支配下に入って、別々の道を歩むことになったが、一〇〇〇年の歴史を超えて、今や再び二つの民族は手を取り合い「チェコスロヴァキア」を創るのだというわけである。しかしモラヴィア王国の実態は、モイミール一族の王朝のもとでスラヴ系の住民がゆるくまとまっていたにすぎず、近代のような民族概念によって支えられていたわけではない。チェコ人とかスロヴァキア人とかいう民族がまとまってモラヴィア王国を創っていたと考えるのは、歴史の実態と大きくかけ離れているのである。

では、モラヴィア王国はどんな姿をしていたのだろうか。実は二〇世紀前半まで、この国の存在はほとんど文書史料でしか知られていなかった。発掘調査によって実際に強力な国があったことが立証されたのは、第二次大戦後のことである。モラヴァ川沿いのミクルチツェやウヘルスケー・フラジシュチェなどに大規模な防備集落があったことが次々と明らかにされたが、特にミクルチツェの防備集落は約一〇〇ヘクタールもの広さがあったらしい。当時はまだ首都というものはなかったにしても、ここがモラヴィアの重要な拠点の一つであったことは間違いない。教会の数も予想外に多く、ミクルチツェだけで一一、全体では三〇近くの遺構が発見されている。おそらくメトディオスも、これらの教会のどこかで眠っているはずである。

第二章　王家のために生きた聖女
——聖人アネシュカとその時代

古都にたたずむ修道院

　プラハ旧市街の北のはずれ、ヴルタヴァ川に面した低地に、聖アネシュカ修道院と呼ばれる建物がある。いくつかの教会や礼拝堂、回廊などから成り立っていて、複雑で規模も大きいが、全体に地味で目立たない。いかにも都会のかたすみにひっそりとたたずむ古刹《こさつ》といった風情である。同じ旧市街でも、いつも観光客で賑わっている旧市街広場やカレル通り周辺と違い、このあたりにまで足を運ぶ人はあまり多くない。しかしこの修道院は現在、国立美術館の中世部門のギャラリーになっており、かつて修道士や修道女が住んだ部屋や廊下に、チェコ中世美術の傑作がずらりと展示してある。一旦中に入れば、古びた重厚な建物をめぐりながら、はるかな中世の世界にゆったりとひたることができる。

だがここを訪れる時には、展示品だけでなく、この修道院それ自体にもぜひ注目してみたい。チェコで最も古いゴシック建築の一つといわれるこの建物には、チェコ最初の王朝プシェミスル家の歴史にまつわる、数々の記憶が深く刻み込まれているのである。王朝の歴史は、国王や武人の活躍を中心に語られることが多いが、ここでは、修道院の創設者となった女性の生涯をたどりながらプシェミスル朝時代のチェコに光をあててみよう。政治の表舞台で活動した人間と違い、その生涯には不明な部分も多いが、まわりの状況なども考慮していくことで、その人物像を浮かび上がらせることはできないわけではない。

プシェミスル朝チェコの登場

メトディオスのところで登場したチェコの首長ボジヴォイは、現在プラハ城があるフラチャニの丘を一つの拠点として、一族による支配の基礎を築いた。モラヴィア王国が崩壊した後、チェコでもしばらくは不安定な情勢が続いたが、ボジヴォイの子孫たちは、しだいにその勢力を広めていくことに成功した。そして一〇世紀末には、盆地状をしたチェコ全域を、さらに一一世紀半ばには、かつてモラヴィア王国があった地域の一部をも支配下に収めて、ほぼ現在のチェコ共和国に相当する領域に及ぶ国家を築いた。この王家は、伝説によれば、はるか昔にチェコ北部のスタジツェという村に住んでいたプシェミスルという農夫が、プラハ付近に住んでいたリブシェという巫女と結婚して成立したということになっている。もちろんこれは全くの作り話だが、王家はこの伝説上の祖先の名をとってプシェミスル家と呼ばれている。

この、ヨーロッパ中央部に新しく登場したチェコという国家には、いくつかの重要な特徴があった。一つは、プシェミスル家が統治する独立した国家でありながら、さらに上の君主として神聖ローマ皇帝をいただいていたことである。つまりチェコの君主は皇帝の家臣なのであり、当初は国王ではなく大公という称号で呼ばれていた。かつて東フランク王国がチェコやモラヴィアを間接的に支配しようとしていたことは第一章で見たとおりだが、これは、やがて東フランク王国がドイツ王国となり、その王が神聖ローマ皇帝を名のるようになってからも変わらなかった。皇帝は、自分が最高の主君であることを認めさせ、一一世紀頃からチェコ大公と

2－1　聖アネシュカ修道院の聖サルヴァトル教会。ゴシック様式の教会としてはチェコ最古のものの一つ

の間に封建的主従関係を定着させていったのである。しかしこの主従関係は多分に名目的なものであって、皇帝がチェコの内政に干渉することはほとんどあり得なかった。チェコ大公は、皇帝の軍事遠征に協力するなどの義務を除けば、自分の国に関してはほぼ完全な権利を握っていたのである。

チェコのもう一つの重要な特徴は、東フランク王国の強い影響のもとでキリスト教を受け入れたことである。もちろん、かつてボジヴォイがメトディオスから洗礼を受けたことにも表われているように、チェコにもモラヴィア教会の影響は及んでいた。しかしメトディオスの弟子たちがモラヴィアから追放された後、チェコの人たちにとって、東フランクの教会のもとでカトリックの信仰を導入する以外の選択肢はほとんど存在しなかった。ボジヴォイの孫ヴァーツラフは、この路線を最も忠実に推進した君主であり、ドイツのザクセン地方で崇拝されていた聖人ファイト（チェコ語名ヴィート）の遺骨の一部を譲り受けて、これをフラチャニの丘に埋葬し、そこに教会を建てた。これはその後二回にわたって建て替えられ、現在の大聖堂は一四世紀以降に建設されたものである。ヴァーツラフは九二九年（一説に九三五年）に弟によって暗殺されてしまうが、その後まもなく彼自身が聖人視されるようになり、中世のチェコでは一種の国家守護聖人として熱烈に崇拝された。

もちろんプシェミスル家としては、なるべくチェコの教会が自立していた方がやはり望ま

2－2　プシェミスル家の大公たち。南モラヴィアのズノイモにあるロトゥンダ（円形の教会）**の内部を飾るフレスコ画。12世紀前半**

しい。そこで教皇庁と直接交渉した結果、九七三年にプラハ司教座が成立した。しかしこの司教座はドイツのマインツ大司教座というさらに上の教会に所属するという形をとっており、その意味でなおも完全な自立とはいえなかった。プシェミスル家はプラハの教会を大司教座に昇格させようと何度も試みたが成功せず、この課題は次のルクセンブルク王朝に引き継がれることになる。

しかしもう一度繰り返すが、政治と宗教の両面でドイツと強い結びつきを持っていたことは、決してチェコ大公の地位が不完全であったことを意味するわけではない。当時の君主としては、神聖ローマ帝国に属する一諸侯として高い権力にまで登りつめるという方法もあったわけである。そしてまさにこの形で、中世後期のチェコの君主たちはヨーロッパの表舞台で華々しい活躍を見せることになる。

王家の末娘

一一九二年、プシェミスル・オタカル一世がチェコ大公の位についた。すでにプシェミスル家は三〇〇年の歴史を持っており、その権威はしっかりと定着していた。のみならず、この大公は、外交面で願ってもない好機に恵まれていた。ドイツにおいて、シュタウフェンとヴェルフェンという二つの王家が争っており、どちらも、最も有力な諸侯の一人であるチェコ大公を味方につけようとしていたのである。最終的にはシュタウフェン家のフリードリヒ二世が勝利を収めて皇帝になるのだが、彼は一二一二年に、協力してくれたチェコ大公への感謝の意をこめて、一通の文書をしたためた。フリードリヒはシチリア王でもあり、文書にはシチリア王としての印章が付けられているため、「シチリアの金印勅書」と呼ばれる。この文書には、チェコの君主が今後は国王の称号を名のること、チェコ王の選出はチェコ国内で行なわれ、皇帝はこれを後から承認するだけであること、チェコ王はチェコ国内の司教を任命する権利を持つことなどが明記されていた。国王の称号の部分を除けば、それまで習慣となってきたことが明文化されただけで、プシェミスル家の地位に大きな変化をもたらす内容ではない。それでも、チェコの君主が神聖ローマ帝国内部で特別に地位の高い諸侯であることが公式に認められたのは、重要なできごとであった。

　プシェミスル・オタカルはこの成果をもとに、勢力をさらに拡大しようと生涯にわたって努力したが、その手段の一つが婚姻政策であった。彼は最初の妻アデーレ、二番目の妻コンスタンツェとの間に一三人の子どもをもうけたが、成長した娘たちは、デンマーク王やケルンテン大公など外国の君主と結婚した。最後に生まれた娘はアネシュカと名づけられ、彼女にもやはりそうした縁談が用意されていた。しかし結局これは実現せず、彼女は全く別のタイプの生涯を送ることになる。

　アネシュカ（ドイツ語名アグネス）の生年は一二一一年。生まれた場所

12世紀末〜15世紀前半のチェコ王系図
（数字はすべてチェコ王在位期間を示す）

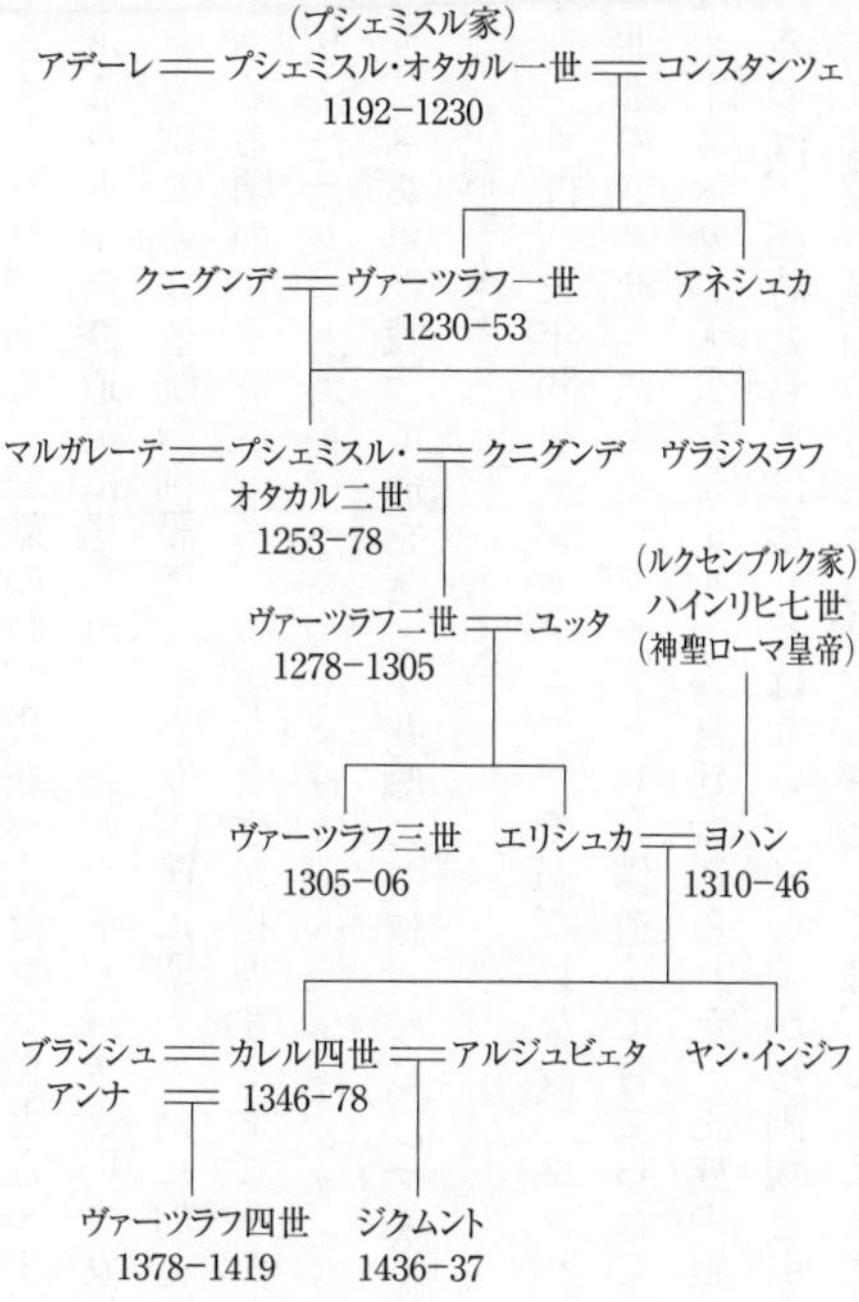

はおそらくプラハである。三歳の時、現在ポーランド領となっているシレジアのトシェブニツァにあるシトー会修道院に送られ、大公妃ヤドヴィガという女性のもとで養育を受けた。ヤドヴィガはこの修道院の創設者でもあり、後に聖人の列に加えられている。物心がようやくつき始める頃のアネシュカに、敬虔な女性が指導するおごそかな修道院の雰囲気は、強い印象を与えたことであろう。なお、ヤドヴィガは、後にレグニツァ（ドイツ語名リーグニッツ）でモンゴル軍と戦って命を落とす悲劇の武将、シレジア大公ヘンリク（ドイツ語名ハインリヒ）の母親でもある。

アネシュカは、三年間をトシェブニツァで過ごした後、プラハに戻り、その後しばらくはチェコ北部のドクサニにあるプレモントレ会修道院で育てられている。そして八歳になると、今度はオーストリア大公レオポルトの宮廷に送られた。王族の娘が異国の修道院や宮廷で育てられるのは、当時としては珍しくはない。幼い頃から両親と引き離されるのは酷なようだが、いずれは遠い異国の君主と結婚する身としては、このようにして貴婦人らしい礼儀・作法、それに敬虔さを教えこまれるのがふさわしいと考えられていたのであった。そしてアネシュカの場合、オーストリア大公という有力諸侯のもとに送られたのは、この宮廷を経由地として、ほかでもない、皇帝フリードリヒの息子ハインリヒと結婚する下準備というねらいがあったのである。

政略結婚を拒否して

ここで、当時の神聖ローマ帝国に君臨していたシュタウフェン家について、少し説明を加えておかなければならない。これは主にドイツ南西部のシュヴァーベン地方を本拠として急速に擡頭してきた王家だが、一二世紀末に断絶したシチリアの王家と姻戚関係にあったことから、この地中海に浮かぶ島をも統治することになった。つまり南イタリアとドイツという、南北に大きく離れた二つの地域を一つの家が支配していたわけである。このことは必然的に、シュタウフェン家とローマ教皇との間に摩擦を生み出す原因となるのだが、そのことについては後で触れよう。いずれにせよ、シュタウフェン家にとっては、非常に豊かで文化程度も高いシチリア島は、ドイツに劣らず大切な領土だったのであり、ヴェルフェン家をおしのけてドイツ王位を確保したフリードリヒ二世も、生涯の大部分をシチリアで過ごしたのであった。しかしもちろん、ドイツもおろそかにするわけにはいかない。そこで彼は諸侯たちを説得して、一二二〇年に、まだ一〇歳の息子ハインリヒを早々とドイツ王に選出させた。そしてチェコ王は、娘アネシュカをこの一歳年上のドイツ王と結婚させようと画策したわけである。

しかし相手は何といっても、後に父を継いで皇帝になるかもしれない人物である。そう簡単に婿にできるわけがない。プシェミスル・オタカル一世は、娘のために三万マルクという巨額の持参金を申し出たが、その程度ではこの計画は成功しなかった。ハインリヒは、ヨーロッパ中の主要な君主たちから縁談を持ち込まれたあげく、オーストリア大公の娘マルガレーテと結婚することになった。もっともこのハインリヒは、後に父と対立して捕えられ、ドイツ王の位を奪われたあげく幽閉されてしまうことになるので、マルガレーテとしては幸福な結婚とはいえなかったかもしれない。

それはともかく、計画を踏みにじられたチェコ王の落胆は大きかったであろう。しかし彼とてそのくらいで引き下がる人物ではない。彼は今度は娘をイングランド王ヘンリ三世と結婚させようと考え、粘り強い交渉を進めている。ヘンリの方も、ドイツ方面の有力諸侯との結びつきを求めていたところなので、こちらの話の方が可能性は高かったと思われるが、理由は不明ながら、この縁談も実現せずに終わっている。王家同士の外交の道具として利用されるアネシュカは、落ち着かない気持ちでこの時期を過ごしたことであろう。もちろんこの頃までは、王家に生まれた女性としての自分の役割はよくわきまえていて、すなおに運命に従うつもりでいたには違いない。しかし一二三〇年に父王が死去したのを境に、アネシュカの態度に変化が現れるようになる。

アネシュカの死後間もなく書かれた彼女の伝記には、次のような記述がある。皇帝フリードリヒは、プシェミスル・オタカル一世の後を継いでチェコ王となったヴァーツラフ一世に対し、その妹と結婚したいという意向を伝えた。しかし妹アネシュカは、すでにこの世の誰とも結婚する意志はなく、修道院に入ろうと考えており、これを教皇グレゴリウス九世に伝えた。教皇は彼女の決意を称え、志を貫くようにと励ました。アネシュカがこのことを兄に打ち明けると、兄はこれを了解し、妹の決意を皇帝に伝えた。すると皇帝は、普通ならばこのような侮辱に自分は怒ったであろうが、アネシュカが最高の主君（すなわちキリスト）の花嫁になることを決意したというならば、喜んでその意志を尊重しようと伝え、彼女に聖遺物などさまざまな高価な贈り物をした、という。

キリスト教世界の最高君主である皇帝の求婚を退けて修道女になろうとした、ということの話は、あまりにできすぎているようにも思われる。そのため、これは作り話ではないか、あるいは皇帝と息子ハインリヒを混同したのではないかとする説もあった。しかし、この頃皇帝は、二度目の妻と死に別れた後であり、再婚相手を探していたことは事実である。また、一二二八年から翌年にかけて自ら十字軍を率いて聖地へ赴き、エルサレムなどの都市を奪回するという成果をあげた直後でもあった。皇帝としての名声を一気に高めた彼が、最有力諸侯の一人であるチェコ王の妹を、再婚相手に選んだとしてもおかしくはない。

しかしアネシュカは、仮に相手が皇帝であろうと、結婚の意志はすでになかった。父王が亡くなって、以前よりも自分の意志を主張できるようになったのも確かであろう。この後、半世紀に及ぶ生涯を、アネシュカは修道女として過ごすことになる。しかしここで、ひたすら神に仕える世捨て人の生涯を想像すると、われわれはこの女性をかなり誤解することになる。

托鉢修道制の広まり

修道院に入るということは、本来は、俗世間との関わりを絶って、祈りと労働に明け暮れる生活を送ることを意味する。しかしこの時代、修道生活には少々違った意味がこめられるようになっていた。それは何よりも、一二世紀頃から、聖職とは関わりのない一般信徒の間にも、聖書の教えにもとづいて、使徒に倣った清貧の理念に生きようとする運動が広まってきたことと関係する。

そうした運動は、商業活動によって活気を帯びてきた都市部で顕著であり、特にイタリアなど地中海沿岸地方に多く見られる現象であった。豊かな商人がある日突然、財産をすべて放棄して、禁欲的なキリスト教理念を説いてまわるなどということが、しばしば見られたのである。そこまで極端でなくても、華美や贅沢を避けて、つつしみ深い生活を送り、魂の救いを得ようとする願望が多くの人々の間に広がっていた。これは一面では、キリスト教社会としてのヨーロッパの成熟を示すものであるが、教会としては、単純に喜んでいるわけにもいかない。ヨーロッパのほぼ全域に組織を広げ、教皇を頂点とする秩序を作り上げたカトリック教会は、すでに絶大な権力と莫大な財産を備えた機構と化しており、清貧を説く者からいつ批判されてもおかしくない状況だったからである。

そこで教会側は、こうした俗人の活動を教会の体制内にとりこもうとした。まず一二一〇年に、アッシジ出身のフランチェスコとその仲間が、清貧に徹して説教活動に生きることを認められ、さらに一二一六年にはイベリア半島出身のドメニコも同様の許可を得た。彼らは、都市に住みながら無所有の生活に徹し、喜捨に頼りながら説教活動に専念する、いわゆる托鉢修道会という新しいタイプの修道会を作り出したのである。両者とも死後に列聖され、彼らが作り出した運動は一三世紀のヨーロッパで爆発的な流行を見せた。托鉢修道会士たちは、説教による民衆教化のほか、貧民や病人の救済活動にも力をそそぎ、ドイツやフランスなど各地で、この種の多くの修道院や、彼らが経営する施療院が創られた。

アネシュカが、父が没する一二三〇年より前から、ひそかにこの新しい修道会の理念に惹かれていたとするならば、ヨーロッパの新しい精神的潮流に対して相当に敏感だったことになる。何が彼女を動かしたのだろうか。プラハに来て活動していたイタリア出身のフランチェスコ会修道士たちの影響も考えられる。あるいは十字軍にチェコから参加した人たちが、帰国後にイタリアの説教師たちの様子を彼女に伝えたのかもしれない。さらに、アネシュカのいとこにあたるエリーザベトという人物の影響も考えられる。アネシュカよりも四歳年上で、ドイツのテューリンゲン方伯の妻となったこの女性は、貧民の救済にとりわけ熱心なことで知られていた。夫が十字軍遠征の途上で帰らぬ人となった後、マールブルクに施療院を建てたが、一二三一年に二四歳の若さで病没している。その四年後、教皇は彼女を聖人の列に加えた。われわれは、この頃のアネシュカの内心までは知ることができない。しかし、政略結婚の道具として翻弄される生涯と、敬虔な道を歩んで尊敬を勝ち得る生涯とを思い比べて、いつしかその心は決まっていったのではないだろうか。

修道院の建設

アネシュカはまず、プラハに施療院を建てた。一二三二年のことである。土地は母コンスタンツェが与えた。彼女は、老後の住みかとしてプラハにシトー会修道院を建てようと考えており、そのための土地まで用意していたのだが、プラハのような大都市はそれにはふさわしくないと思いなおし、この計画をモラヴィアのチシュノフという町に変更した。そして不要となった土地を娘に提供したのである。当時の施療院は、今日の病院とはだいぶ異なり、病人を治療するだけでなく、貧民や旅人などに食事と安らぎの場を提供する施設でもあった。

人生の最後を送る病人に対しては、終油の秘蹟を与えて、きちんと埋葬されるまで面倒を見た。当時、急速に発達しつつあった都市では、日々の暮らしにも困る人々や身寄りのない人々も増えており、社会問題となっていた。施療院創設はいわば時代の要請であり、当時すでに数千人の人口を抱えていたプラハもまた、こうした施設を最も必要とするヨーロッパ有数の大都市の一つだったのである。

アネシュカはさらに、この施療院の経営と運営にあたる施設として、ミノリート派すなわちフランチェスコ会系の男女それぞれの修道院をその隣に建てた。聖アネシュカ修道院の始まりである。そして一二三四年には自ら修道女となり、自分が建てた修道院の院長となった。その式典には国王夫妻や司教たちも参加し、さらにグレゴリウス九世はこの修道院を教皇直属とした。多くの人たちの好意により、修道院には多くの貴重な品々が寄贈され、またアネシュカの生前のうちに、現在見るような大規模な建物もほぼ完成した。ただし、アネシュカは修道院長の職からは間もなく退き、一人の修道女の立場で生涯を過ごした。豊かな財産を持つ修道院の長という地位は、自分自身が掲げる清貧の理想とはそぐわなかったためともいわれる。もちろん形式的に辞めただけであって、実際にはなおも彼女が修道院の統率者であったことに変わりはない。

宗教の世界で可能な限り高いところまで登りつめたいというアネシュカの思いは、相当強かったらしい。この頃彼女は、教皇と直接のコンタクトをとるだけでなく、聖フランチェスコの生涯の協力者として知られる聖キアーラ（クララ）とも頻繁に手紙をやりとりしている。そこからは、アネシュカが、教皇から独自の修道会則の認可を受けて、新しい修道会を創ろうと考えていたことがわかる。これは宗教者として最も偉大な行為の一つとみなされており、死後に聖人になるための一つのステップにもなった。

しかし教皇としては、むやみに新しい修道会を増やしていくわけにもいかない。フランチェスコ会でさえ、周囲の反対を押し切ってようやく実現したくらいである。それに、あまりに厳しい清貧と禁欲の理念を掲げる修道会は、教皇庁としてはむしろ警戒しなければならない。アネシュカの願いは聞き届けられなかった。彼女が修道院長を辞めたのは、これで落胆したのが一つの原因だとの説もある。グレゴリウスは一二四一年に死去したが、その後継者インノケンティウス四世も方針は変わらなかった。

政治の鍵を握る修道女

ただし教皇にとってアネシュカが、別の意味で非常に重要な人物だったことも確かである。それは、何百年にもわたって繰り返されてきた皇帝と教皇の対立に由来する。

中世ヨーロッパは、八〇〇年にカール大帝が皇帝として戴冠して以来、教皇と皇帝とを二つの頂点として成り立ってきた。二つの権力の関係は、当初はあいまいな性格を残していたが、一一世紀から一二世紀にかけての叙任権闘争の結果、教皇はカトリック教会の最高指導者として宗教面で完全な権利を行使し、皇帝は世俗の最高君主の地位に徹するという原則が、一応できあがった。しかしその後も、両者の間にはことあるごとに対立・紛争が生じ、それはしばしばヨーロッパ中を複雑な闘争に巻きこんだ。対立の原因の一つは、皇帝がイタリアをも含めた帝国支配を確立しようとしたのに対し、教皇がこれを不当な介入とみなした点にある。そして一二世紀末に、シュタウフェン家がドイツとシチリアをともに支配するようになると、この紛争はまたもや蒸し返された。教皇が皇帝を破門したうえ黙示録の怪物に譬《たと》えて非難を浴びせ、一方で皇帝は聖職者の腐敗を攻撃するなど、この対立は泥仕合の様相を見せていたのである。

こうなると、チェコ王のような有力諸侯の立場は特に大切になってくる。教皇側はヴァーツラフ一世を味方につけようとさかんに働きかけてきたが、ここで重視されたのがアネシュカであった。兄王がこの妹に対してほとんど崇拝に近い気持ちを抱いていることを知っていたからである。チェコを訪れた教皇使節は、アネシュカを仲介者としてチェコ王へ教皇支持を働きかけるべきであること、そのためには彼女の願いになるべく応じるのが得策であることをローマに書き送っている。尊敬される修道女となったことで、アネシュカはより一層、政治的にも重要な人物になってしまったわけである。

だとすればアネシュカとしては、有利な立場を利用して、修道会創設を教皇に認めてもらえばよさそうなものである。しかし彼女は、修道女であると同時に、チェコ王家の一員であることも決して忘れていなかった。いやむしろ、自分の一族のことを第一に考えていたようなふしもある。

修道会の創設者

この頃、チェコ王ヴァーツラフが最大の課題としていたのは、オーストリアの獲得であった。オーストリアは、すでに一〇世紀からバーベンベルク家が治めてきたが、この頃のオーストリア大公フリードリヒには子どもがなかったため、家系断絶の可能性があり、各国の君主がその後をねらっていた。かつて皇帝フリードリヒが息子ハインリヒをオーストリア大公の娘と結婚させたのも、女系相続を通じてこの国を獲得しようとしたからである。しかしチェコ王にとっても、オーストリアはすぐ南に位置する非常に魅力的な領土である。ここを押さえればさらに地中海方面へ進出する足場になるかもしれない。ヴァーツラフは、オーストリアをめぐっては皇帝と競合する立場にありながらも、一方では、教皇との対立に悩む皇帝を助けつつ、課題を実行に移す機会を常にうかがっていた。そして一二四六年に、息子のヴラジスラフを、オーストリア大公の姪ゲルトルードと結婚させることに成功した。そしてこの年の六月に、オーストリア大公が戦死してバーベンベルク家が断絶したため、チェコ王の計画は実現の一歩手前まで行ったのである。ただしその翌年、今度はヴラジスラフが病死してしまったので、王のもくろみは一瞬にして崩れ去ってしまった。

アネシュカは、こうした兄をあからさまに支援していたとはいえないにしても、やはりその成功を願っていたらしい。彼女から見ても、皇帝と教皇の対立を利用して巧みに泳ぎ回る兄の政治的手腕は、頼もしいものであった。ヨーロッパ中を風靡している修道制の理念に共鳴し、敬虔で清らかな生活を理想としながらも、やはり自分の家、自分の国のことが第一という彼女の態度は、どこか矛盾しているようでもある。しかし神に仕える身とはいえ、複雑な国際情勢の渦中にある王族の一員として、どうしても一族のことを優先して考えなければならない立場に陥ることになったのも当然であろう。

アネシュカにとって自分の一族のことがどんなに大切であったか、それはヴァーツラフの晩年に生じた事件における彼女の行動にもよく表われている。一二四七年の暮れのこと、ヴァーツラフのもう一人の息子プシェミスル・オタカル（二世）が、父王の承諾なしにチェコ王に選ばれ、叛乱を起こしたのである。プシェミスル・オタカルはこの時まだ一四歳。国王に不満を持つ貴族たちに担ぎ出されたというのが真相だろう。あるいは、ここにも皇帝と教皇の対立が影を落としていたという説もある。王は一度はマイセンまで逃亡したが、やがて態勢を立てなおし、二年後には再びプラハに向かった。首都の城門をくぐった王が、最初に頼ったのはアネシュカの修道院であった。その後、叛乱軍は壊滅し、プシェミスル・オタカルは捕えられて監禁されたが、父は間もなく彼を釈放して和解している。親子の対立を穏便に解決させた功労者はもちろんアネシュカであった。王家の親子が喧嘩していては国を維持するのもままならないことを、懸命に彼女は説いたのであろう。

翌一二五〇年、今やプシェミスル家にとってなくてはならない人物となったアネシュカの名をさらに高める知らせが届いた。教皇インノケンティウス四世が、アネシュカの修道院の男子修道士たちに、真紅の十字架と星を徽章として着用する許可を下したのである。こうして成立した「紅星騎士団」は、チェコで生まれた唯一の修道会である。修道会の創設者になるというアネシュカの長年の望みは、これで一応かなえられた。三年後、この騎士修道会は、それまでの場所から旧市街の西側に本拠を移した。一七世紀後半になってその場所には「聖フランチェスコ教会」が建てられ、今日でもその壮麗な丸天井は、ヴルタヴァ川の対岸からプラハ旧市街を眺めた時の重要なアクセントの一つになっている。

チェコ王プシェミスル・オタカル二世

そして同じ一二五三年、生涯にわたって妹アネシュカを一族の誇りとして敬愛したヴァーツラフ一世は世を去り、その遺志どおりアネシュカの修道院に埋葬された。後を継いだのは、かつて父に刃向かったプシェミスル・オタカルである。この国王の華麗な活躍と劇的な没落は、当時の人々に強い印象を焼きつけることになる。そしてアネシュカは、叔母として、また一族の精神的支柱として、これを最後まで見届けるのである。

2－3　プシェミスル・オタカル2世の石棺。14世紀にペーター・パーラーが制作したもの。プラハ城の大聖堂内部にある

この若き国王はすでに父の生前から、早世した兄ヴラジスラフに代わってオーストリアを統治する役割を期待されていた。皇帝フリードリヒ二世が一二五〇年に世を去り、その子供たちがシチリアを確保するだけで精一杯だったことも、プシェミスル家にとっては好都合であった。ヴァーツラフは生前にプシェミスル・オタカルをオーストリアの統治者として送り込み、さらにその立場を固めるために、彼をバーベンベルク家のマルガレーテと婚約させた。マルガレーテとは、ほかでもない、かつてアネシュカとドイツ王妃の座を争

った女性である。昔のライバルをこんな形で身内に迎えることになるとは、さしものアネシュカも思っていなかったであろう。プシェミスル・オタカルは、一族の興隆のためとあらばやむを得ず、この三〇歳以上も年上の女性と結婚した。しかしオーストリアにおける地位を確実にしてしまうと、さっさと離婚してチェルニゴフ大公の娘クニグンデと再婚している。

チェコ王位を継いだ後のプシェミスル・オタカルの政治的成果はめざましかった。特に重要なのは、シュタウフェン家の支配が崩壊したドイツで、新しい国王の選挙に積極的に関わったことである。諸侯の権力が非常に強くなったドイツでは、新しい王は諸侯が選挙で決めるという方式がしだいに定着していくが、プシェミスル・オタカルはこの頃のドイツ王候補を擁立する中心人物の一人であった。そして間もなく、特に有力な七名の諸侯、つまり選挙侯がドイツ王を選出するという体制が確立するが、チェコ王がその一人として名を連ねることになったのは、この時の彼の活躍によるところが大きい。

さらに彼は、教皇との関係を重視し、「プロイセン十字軍」を率いてバルト海沿岸まで遠征している。これはどちらかというと名目的な性格が強いが、この遠征をきっかけにケーニヒスベルク、今のカリーニングラードという街が建設されたことはよく知られている。

一方彼は、ドイツなどから積極的に希望者を募って、チェコ国内の開発にあたらせた。ドイツから多くの人たちが東欧へ移住していったいわゆる「東方植民」は、前後数百年におよぶ現象だが、チェコにおいてはプシェミスル・オタカル二世時代が一つの頂点であった。この結果、一三世紀後半のチェコでは森林や沼沢地に開拓の手が加えられて広大な耕地が作られ、多数の都市が成立し、鉱山の開発も進められた。これによってチェコの国力はさらに充実し、ヨーロッパにおけるその政治的地位は飛躍的に高められた。

こうした基盤をもとにプシェミスル・オタカルは、ドイツ王国のライン川右岸地域の国王代理に任命された。さらに彼はライバルであるハンガリー王を押しのけて、オーストリアの貴族や都市の支持を獲得していった。一二七〇年代初頭には、彼の領土はチェコからオーストリアを越えて、現在スロヴェニア共和国のあるクライン地方にまで及んでおり、まさに帝国で並ぶもののない最強の諸侯となったのである。

しかし彼の成功もそこまでであった。あまりに強大になりすぎたチェコ王は、帝国の各勢力から警戒されたのである。一二七三年九月、選挙侯たちはチェコ王に一切知らせることなく、当時まだ無名だったスイスの一領主、ハプスブルク家のルードルフをドイツ王に選んだ。この老練な王は、プシェミスル・オタカルの領土拡大を不法とみなして裁判を始め、その出頭を求めたが、ルードルフを単なる成り上がり者と考えていたオタカルは命令を無視した。この結果、彼には帝国追放の刑が宣告され、チェコ王となってから新しく獲得した領土はすべて没収された。しかしなおも彼はルードルフに対する服従を拒絶し、両者は武力で勝敗を決することになった。そして一二七八年八月二六日、モラヴィア南部のマルヒフェルトで、プシェミスル・オタカルは激戦の末に戦場に斃れたのである。この時アネシュカは、修道院でひたすら甥の武運を祈っていたといわれる。

アネシュカの死と列聖

この後数年間のチェコは、悲惨な混乱に見舞われた。王権は壊滅状態となり、有力貴族がほしいままに略奪や破壊をはたらいたため、都市や修道院は甚大な被害を受けた。幸いだったのは、これを憂慮した人々が、プラハ司教を中心に結束したことである。彼らは亡き国王の息子でまだ幼かったヴァーツラフ二世を守り、再び秩序を回復させていくのだが、それまでには一〇年近くを要した。アネシュカはこれを見守ることなく、一二八二年三月初め、プラハで七〇年という当時としては長い生涯を閉じたのであった。

アネシュカは修道院の礼拝堂に埋葬されたが、すでに生前から崇拝されていた彼女の墓には、多くの人々が訪れるようになり、間もなく遺体は特別の棺に移された。ヴルタヴァ川が氾濫した時には、修道女たちが真っ先にこれをかついで安全な場所に移したという。しかし一五世紀になってフス派戦争が勃発すると、この「修道院の最高の宝」は戦火を避けてどこかへ運ばれたまま、行方がわからなくなってしまった。建物もいつしか荒れ果て、所有者も変わってしまい、武器庫や倉庫として使われる有様であった。現在、創建当初の姿がほぼよみがえっているのは、近代になってこの修道院の歴史的価値が再認識され、多くの人たちがその復元のために多大な努力を傾けたおかげなのである。

一方、アネシュカの列聖を求める声は、その死の直後から強かった。それが容易には実現しなかった理由の一つは、フランチェスコ会の中の厳格な人々がしだいに教皇に対する批判を強めていき、両者の関係が非常に緊張していたことにある。

近世になってから、チェコではプシェミスル朝時代のカトリックの伝統は非常に重視され、アネシュカは「いとも聖なる女性」と称えられた。しかし教皇庁の正式承認は得られず、ようやく一八七九年になって福者に列せられることが決まった。さらに彼女の古い伝記のテクストなどが相次いで発見されて、その実像がしだいに明らかになっていった結果、最終的に教皇ヨハネ・パウロ二世が彼女を聖人の列に加えたのは、一九八九年一一月一二日のことである。社会主義政権崩壊前夜の騒然とした時期のことであった。

しかし列聖までの経過がどうであれ、チェコの歴史におけるアネシュカの存在の大きさには、疑いの余地はないだろう。新しい修道制の導入によってヨーロッパ最先端の理念をチェコに取り入れた功績は大きい。さらに彼女は自らその指導者として尊敬を一身に集め、そうして勝ち得た信頼をもとに、プシェミスル家の国家のために生涯にわたって貢献し続けた。

チェコという国家がヨーロッパの中にしっかりとその地位を確立していった背景には、生涯を宗教者として過ごした一人の女性のこうした努力があったのである。

第三章　皇帝の住む都として
——カレル四世とプラハ

市民を見下ろす国王像

プラハの旧市街広場から西へ、カレル通りをたどっていこう。古い街並みの中を縫うように延びる道は、やがてヴルタヴァ川に並行して走る聖十字架修道会通りにぶつかる。ヴルタヴァ川の河岸はすぐその先にあり、そこから対岸へ石造りの頑丈なカレル橋がかかっている。橋の手前には一四世紀に建造された塔があり、橋を渡るにはこの下をくぐり抜けていくことになるが、その前に塔の東側正面を見てみると、三体の人物像があるのが目につく。中央はチェコで篤く崇拝された聖ヴィート、向かって左は一四世紀のチェコ王カレル（ドイツ語名カール）四世、右はその息子ヴァーツラフ（ドイツ語名ヴェンツェル）四世である。国王父子はどちらも、王冠をかぶり、王笏《おうしゃく》を右手に、宝珠を左手に持っている。父親のカレルの方は、

3－1　カレル橋の塔の人物像。ただしこれらの像はレプリカで、本物は国立美術館にある

老王としての威厳に満ちていながら、ほんの少し首をかしげたポーズにはどこか愛嬌がある。ドイツのある高名な歴史家は、この像から王冠と宝珠を取り除いたならば、まるで靴屋が靴を木型にはめているところのようだ、と表現した。いかにも市民の世界と向き合うのにふさわしい国王像なのである。

このカレルは、チェコのルクセンブルク王朝第二代の国王で、中世チェコ王国の最盛期を築いた君主といわれる。カレル橋やこの塔を含めて、プラハにはカレルの時代の遺産がいたるところにある。彼の統治のもと、プラハの街はその相貌を一新したといってもよい。国王と市民の関係が常に良好だったというわけではないが、少なくともカレルは、街を立派にし、都市民と正面から向き合うことの大切さを心得ていた君主であったといえるだろう。

しかしカレルがプラハの街を大切にしたのは、単にここが、チェコを統治する拠点であったためばかりではない。カレルはチェコ王であると同時にドイツ王でもあり、さらに神聖ローマ皇帝でもあった。カトリック世界の最高支配者という地位に登りつめたカレルにとって、自分が宮廷を置くプラハは特別の意味を持つ街だったのである。では、このカレルとはどんな人物だったのだろうか。そしてプラハは、皇帝の住みかとなったことによってどう変わったのだろうか。

しかしそのこと以前に、一人の人物がチェコ王であり、ドイツ王であり、神聖ローマ皇帝でもあるというのは不思議に思えるかもしれない。これを理解するにはカレルの家系をさかのぼってみる必要があり、また当時のドイツの事情にも少々触れておかなければならない。

ルクセンブルク王朝の登場

チェコの王家プシェミスル家は、プシェミスル・オタカル二世が戦死した後の混乱を何とか乗りきったが、一三〇六年に若き国王ヴァーツラフ三世が暗殺され、男系の血筋は途絶えてしまった。この凶行は誰のしわざか、おそらく永遠の謎である。王権という後ろ盾を失って困惑したチェコの人々は、頼りになる国王を選び出そうと、なるべく高貴な家柄の人物を求めた結果、時のドイツ王ハインリヒ七世の息子ヨハンこそその人であるとの結論に達した。ハインリヒはもともと、ドイツとフランスの間に位置するルクセンブルクの伯という地位にあったが、一三〇八年に選挙侯たちによってドイツ王に担ぎ出されていたのである。後には、イタリアに遠征してめでたく神聖ローマ皇帝の位にも就いている。チェコから派遣された使節は、この王を説き伏せ、ヴァーツラフの妹エリシュカとヨハンを結婚させ、ヨハンをプラハに連れてきてチェコ王の地位に就けたのである。一三一〇年のことであった。

これは少々強引な話に聞こえるかもしれないが、ある国の君主が全く知らない国の人々から国王に迎えられるのは、中世には珍しいことではない。その国の人々にとっても、仲間うちから君主を選ぼうとして争いの種を蒔《ま》くよりは、よそから高貴な人物を呼んでくる方が問題が少なかった。もちろんハインリヒは、大切な息子ヨハンをチェコというはるか東の国へ送り出すのを初めはためらったらしい。しかしチェコの王という強力な地位が向こうから転がりこんできたのを、断わるという手もない。こうしてチェコの人々とルクセンブルク家の思惑は一致し、チェコにこの外来の新しい王朝が成立したのである。そして六年後の一三一六年、プラハで、ヨハンとエリシュカの間に男子が生まれた。これが後のカレル四世である。つまりカレルは、母方がチェコ王、父方が皇帝という、それ以上考えられないほど高貴な血筋に生まれついたのであった。

しかし祖父ハインリヒはイタリア滞在中の一三一三年に病にたおれ、カレルが生まれた時にはすでにこの世になかった。父ヨハンはその後を継いでドイツ王になろうとしたが、この頃のドイツの主導権は選挙侯をはじめとする諸侯に移っており、彼らは王の地位が世襲されることを歓迎しなかった。ドイツ王と皇帝の位は一旦ルクセンブルク家を離れることになる。しかし選挙侯たちの動きもばらばらで、一三一四年の国王選挙では、オーストリアのハプスブルク家とバイエルンのヴィッテルスバッハ家からそれぞれ王が選ばれて争いあうという事態になった。結局はヴィッテルスバッハ家のルートヴィヒが生き残って王位を何とか確保するが、ドイツがすでにはなはだしい分裂状態で、国王の統治権がしだいに名目的なものになりつつあることは、誰の目にも明らかであった。

ドイツ王位奪回への道

そしてこうした状況のドイツに、さらに揺さぶりをかけてきたのが教皇である。通常、ドイツで国王に選ばれた人物は、ローマまで遠征して教皇から帝冠を授けられて、神聖ローマ皇帝の地位に就く。そのためには教皇とはできるだけ良好な関係を保たなければならない。しかしこの時の教皇ヨハンネス二二世は、こうした関係をはるかに超える大胆さでドイツの政治に介入した。二人の国王を選んでしまった一三一四年の選挙は無効なので、ドイツ王位は空位であると主張してきたのである。しかも、この時の教皇は、ローマではなく南フランスのアヴィニョンにいたことも忘れてはならない。当然、その背後にはフランス王の姿がある。ドイツとは反対に中世を通じて徐々に王権の基礎を固めてきたフランスは、教皇をも利用してヨーロッパ政治の主役へとのし上がろうとしていた。ドイツにとっては、なおのこと由々しき事態である。誰がドイツ王になろうと、その人物には途方もない困難な課題が待ち受けていた。ここまで分裂してしまったドイツという国の王位を安定させることはできるのだろうか。そして再び、誰にも異議をとなえられることなくドイツ王が神聖ローマ皇帝として君臨する日がくるのであろうか。

この点で、ルクセンブルク家には二つの有利な材料があった。一つは、伝統的にフランス王と親しい関係にあったことである。もともとルクセンブルク伯は、ドイツ王の家臣でありながらフランスとのつながりの方が強く、ハインリヒもヨハンも、普段はフランス語を話していた。カレルもまた、七歳から一四歳までの七年間、パリの宮廷で養育を受けている。カレルという名前も、実はこの時のフランス王シャルル四世の名をとってつけられたものであり、生まれた時につけられたのはヴァーツラフというチェコ伝統の名であった。おまけにカレルはパリ滞在中に、シャルルのいとこブランシュと結婚しており、フランス王家とは親戚関係にあった。カレルにとって、少年時代を過ごしたパリの華やかな宮廷と街の賑わいは、生涯、忘れられない思い出となったであろう。

ルクセンブルク家のもう一つの強みは、豊かで広大なチェコの王位を手中にしていたことである。しかもチェコ王は選挙侯の一人に名を連ねている。もっとも、成長してからチェコに迎えられたヨハンは、結局この国になじむことができず、ドイツやルクセンブルク、フランス、イタリアなどを転々としながら、外交と戦争に明け暮れる生涯を送った。そこでチェコの人々は、一三三三年に、国王としてはあまりあてにならないヨハンの代わりに、一七歳になったカレルを、当時滞在していたイタリアから呼び戻し、モラヴィア辺境伯として統治を任せた。カレルにとっては生まれ故郷でもあり、母方がプシェミスル家でもあったので、チェコに暮らすのに抵抗はなかったらしい。彼がプラハに戻った時、王宮は荒れ放題で、とても住めた状態ではなく、最初は市民の家に間借りしなければならないほどであったが、この王子は時間をかけてこれを再建し、合わせて王権の基礎固めに心をそそいだ。そうして父と連携をとりつつ、再びルクセンブルク家がドイツ王位に返り咲く機会をねらっていたのである。

彼らの努力は無駄ではなかった。ヨハンの巧みな外交能力は、ルクセンブルク家の存在感をドイツやフランスに示すのに十分であったし、カレルがパリ滞在中に知遇を得た聖職者ピエール・ロジェが、一三四二年に教皇クレメンス六世となっていたのも好都合であった。各方面との交渉を重ねた結果、一三四六年七月一一日、ついにカレルは七人の選挙侯のうち五人の票を得てドイツ王に選ばれ、バイエルンのルートヴィヒには廃位が宣言された。翌八月二六日、フランス北西部のクレシーで、父ヨハンはフランス王を援けてイングランド軍を相手に戦って華々しい戦死をとげる。こうしてカレルはチェコ王位をも引き継ぐことになった。チェコ王としてはカレル一世だが、ドイツ王あるいは皇帝としての数え方で、カレル四世と呼ぶのが普通である。

ローマ遠征という難事業

一三四七年九月二日、カレルはプラハで、妻ブランシュとともにチェコ王として戴冠した。すでに一〇年以上も父の代理を務めていたので、チェコの統治に関しては特に大きな変化が生じたわけではなかった。しかしドイツ王としての仕事も忘れてはならない。何よりも、カレルに王位を持ち去られたバイエルンのヴィッテルスバッハ家とその支持勢力が何とかして巻き返しを図ろうとしていたので、これをうまく収めなければならない。この仕事にさらに一年以上を費やした後、カレルが果たさなければならない最大の課題は、神聖ローマ皇帝の地位に就くことであった。

これは想像を絶する大仕事である。まず軍隊を引き連れてローマにたどりつくことからして容易ではなかった。当時の北イタリアは一つ一つの都市が事実上の独立国家を形成しており、それらが互いに敵味方に分かれて争いあう、まさに戦国時代であった。それぞれ皇帝派あるいは教皇派などといった旗印を掲げてはいるが、それも状況しだいでいつ変わるかわからない。祖父ハインリヒは、こうしたイタリアを平定しようと空しく奮戦するうちに、熱病に冒されて帰らぬ人となったのであった。そしてカレル自身、少年時代に父の命令でイタリアに滞在していた折、パヴィーアの街で危うく毒殺されかかった経験を持っている。

さらに、前にも述べたように、ドイツ王が皇帝になるには教皇から冠を授けられなければならない。教皇にしてみれば、有能なドイツ王がイタリアに来て皇帝になり、平和と秩序を打ち立ててくれるのは歓迎である。しかしイタリアであまりにわがもの顔に振る舞う皇帝は歓迎できない。皇帝戴冠を果たしたならば、さっさとアルプスを越えてドイツに戻り、そちらの統治に専念してくれればいいのであって、イタリアのことは教皇に任せてもらわなければ困るのである。特にこの時期には教皇はアヴィニョンにおり、イタリアに戻ろうにも容易に戻ることができないでいたので、余計に神経をとがらせていたこともつけ加えておかねばならない。教皇が首を縦に振らなければ、ローマまでたどりつくのは、まず不可能といってもよい。カレルとしては、イタリア行きを決意するまでには、周到な外交交渉を重ねる必要があった。

しかし一方でイタリアには、カレルのローマ遠征を待ちこがれている人々もいた。これはいわば熱狂的な皇帝派で、戦乱の打ち続く現状を憂い、昔日の偉大なローマ帝国の復興を夢見つつ、強力な指導者の登場に期待をかけていた人々である。そうした中に、ローマの護民官コラ・ディ・リエンツォなる人物がいた。もともと公証人であったが、巧みな弁舌で民衆を味方につけ、ローマでクーデタを起こして一時的に実権を握ったこともある。その後追放されていたリエンツォは、カレルに期待をかけて一三五〇年にプラハの宮廷に姿を現し、早くローマへ遠征してかつての帝国の栄華を再現させよと熱烈に説いた。もちろんカレルはこのような非現実的プランに同調するわけにはいかない。リエンツォはアヴィニョンへ送られた後、再びローマに向かうが、結局、彼に反感を持つ貴族たちによって殺害されてしまった。

著名な詩人ペトラルカもまた、カレルに期待していた人々の一人である。この二人の間には書簡のやりとりがあり、ペトラルカ自身もまた、後の一三五六年にプラハを訪れている。もっとも、当時最高の教養人であったこの詩人は、カレルがイタリアからの呼びかけに安易に乗るような人物でないことを、十分に承知していたであろう。

帝国基本法典「金印勅書」

ともかく、カレルは慎重の上にも慎重を重ねてローマ遠征を実行しなければならず、万端の準備を整えてイタリアへ向かったのは、ドイツ王に選出されてから八年後の一三五四年秋のことであった。そして翌五五年四月五日、ローマのサン・ピエトロ聖堂で、教皇使節によって皇帝戴冠を果たした。戴冠式当日までローマ市内に入らないこと、市内滞在は一日以内に限ること、という教皇との約束は守られたらしいが、前日にひそかにこの永遠の都を見物していたという記録もある。

こうして年来の課題を果たしたカレルは、七月にはすでにアルプスを越えてドイツに戻っていた。イタリアに平和を打ち立てるという皇帝の責務を果たさないことに、ペトラルカらは不満の声をあげたが、昔のローマ皇帝よろしくイタリアにとどまって帝国を統治するなどもはや不可能なことを、この新しい皇帝は知っていた。それに、カレルにはカレルの考える帝国統治プランがあった。チェコ生まれの皇帝が胸中に思い描いていたのは、全く別の姿の帝国だったのである。

一三五六年一月一〇日、ドイツのニュルンベルクで開かれていた帝国議会で、二三条からなる法典が採択された。一二月にはさらに八条が加えられ、合計三一条からなる「金印勅書」が完成した。いわば神聖ローマ帝国の憲法である。全体のかなりの部分が、七人の選挙侯によるドイツ王選挙の方式および、選挙侯たちの地位の規定にあてられている。まず、選挙は過半数の得票で成立すると定められ、今後、選挙に伴う混乱や遅延は避けられることになった。さらに選挙侯には事実上の独立国の君主に等しい権利が認められたので、彼らはそれまでのように、安定した王朝の出現を恐れて王位をあちこちたらい回しにする必要性も感じなくなった。つまりこの勅書には、諸侯の分立という現状を追認することによって、ドイツがこれ以上の混乱に陥ることを防止するねらいがあったのである。そして教皇がドイツに介入することは認めない一方で、イタリアはほぼ教皇に委ねるという形になっている。この勅書は神聖ローマ帝国が消滅する一八〇六年まで効力を保ち、近世ドイツの体制を根底から支える役割を担ったのであった。

しかも、選挙侯の治める国の中で、チェコ王国だけは、「王家が断絶した時には王国住民が新しい王を選ぶ権利を持つ」とするなど、ほかよりも高い地位が認められている。カレルが新しく構想する神聖ローマ帝国の中で、チェコは特別な格付けをされていたのである。ここに隠されている意図は明らかであろう。ドイツ王および皇帝の位はルクセンブルク家が受け継ぐ。そして帝国統治の拠点はチェコに、特にその中心都市プラハに置かれる、そうした新しい構想を、カレルは抱いていたのである。ではカレルはチェコをどのように統治しようとしたのだろうか。そしてプラハがどのような都市になれば、その拠点としてふさわしいと考えたのだろうか。これを考え、実行に移すことはカレルにとって生涯の課題であり、すでに皇帝になる以前からその準備は着々と進められていた。

「チェコ王冠諸邦」の創設

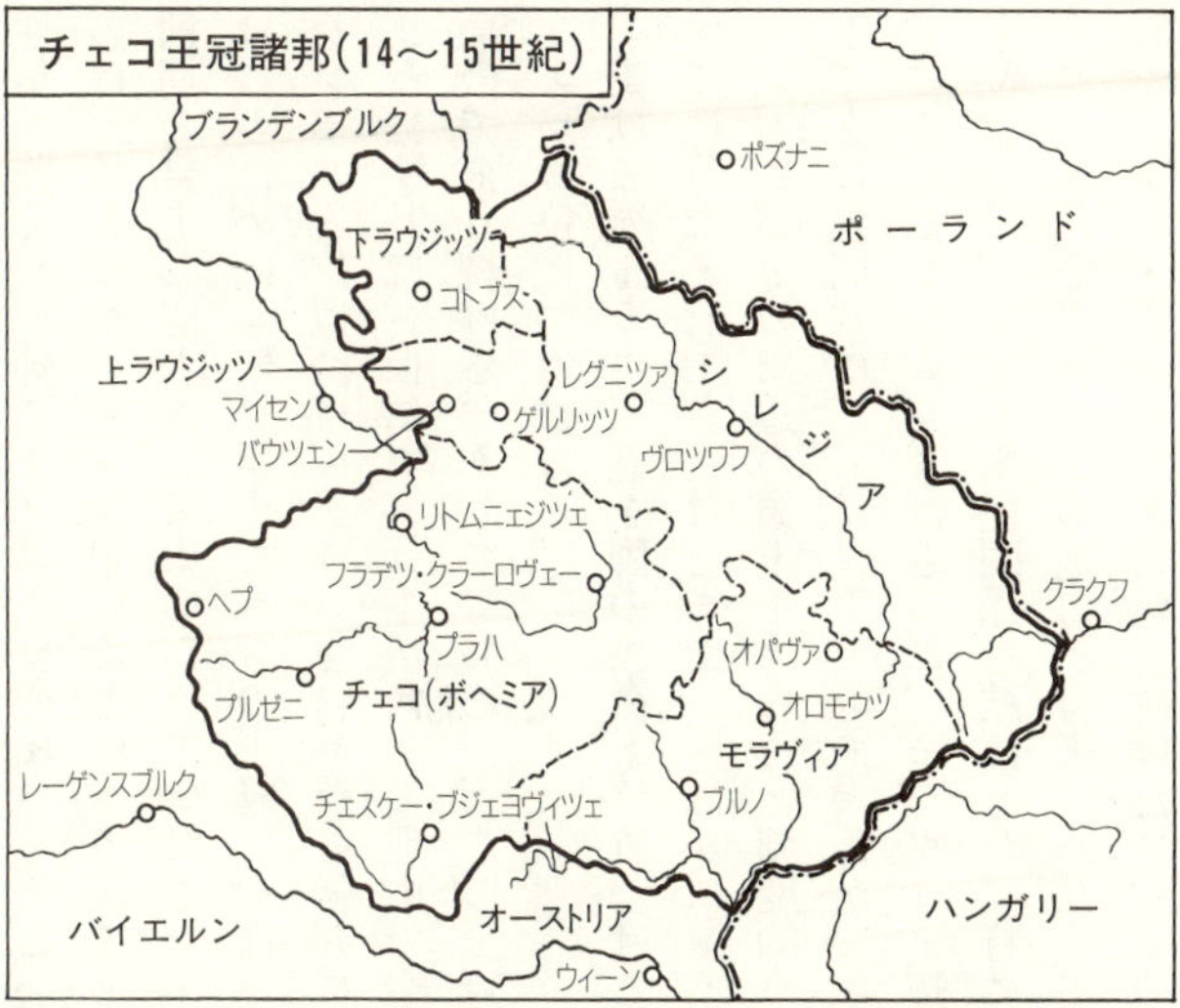

チェコ王冠諸邦(14～15世紀)

伝統的にチェコ王のもとにまとめられてきた地域としては、チェコ王国のほかに、モラヴィア、シレジア、ラウジッツなどの領邦がある。モラヴィアにはおよそ一一世紀からプシェミスル家の支配が及んでいたが、一二世紀の終わりに神聖ローマ帝国直属の辺境伯領が設置されており、その国制的な位置づけは少々あいまいであった。シレジアはチェコとポーランドの中間にあり、これ自体がさらにいくつもの小規模な諸侯領に分かれていた。ラウジッツはチェコの北にある小さな地域で、これも上ラウジッツと下ラウジッツの二領邦からなる。まずこれらをチェコ王権のもとに正式にまとめるのが、カレルの仕事である。

しかしこれらの地域はそれぞれ自立した

性格が強く、単純にチェコ王に従属させるというわけにはいかない。そこでカレルがとったのは、統合のシンボルを用いるという方法であった。そのシンボルとは、プシェミスル家草創期の君主で聖人として崇められていたヴァーツラフ、具体的にはその王冠である。カレルはこのために「聖ヴァーツラフの王冠」を作らせ、これを国王自身よりもさらに上位にあるシンボルと位置づけ、チェコを含めた各領邦には、この王冠に対する忠誠を誓わせた。このようにすれば、仮にチェコ王が何かの理由で空位となっても、王冠そのものは永遠に統合の象徴であり続ける。そしてもちろん、この王冠をいただくチェコ王は、これらの諸領邦の盟主という位置づけになる。

実はこのように王冠を国の象徴と位置づけるのはカレル自身の着想ではなく、フランスですでに行なわれてきたことであり、ほかにもハンガリーなどに同様の例がある。こうしてチェコおよびその周辺の領土をきちんと制度的にまとめることができたのは、カレルがチェコ王であると同時に、ドイツ王でもあったからにほかならない。

こうした上でカレルはさらに、モラヴィア辺境伯やシレジアの大公たちをチェコ王の家臣と位置づけ、封建的主従関係を結ばせた。特にモラヴィア辺境伯には、カレルの弟ヤン・インジフが任命され、この地方が将来にわたってルクセンブルク家の領土となることが強調された。ヤン・インジフが宮廷を置いたブルノの街は、この頃からモラヴィアの中心都市として発展し始める。

こうして統合された「聖ヴァーツラフの王冠諸邦」、別名「チェコ王冠諸邦」は、その後一七世紀に上下ラウジッツを、一八世紀にシレジアの大部分を失ったものの、制度的には近代まで生き続けた。その領土は、さらにいくつかの変遷を経て、今日のチェコ共和国に受け継がれている。

国家の中心としての大聖堂

こうして、チェコ王とはどのような君主であるのかが、とりあえず明らかになった。では、そのチェコ王が住み、しかも神聖なシンボルである王冠が置かれるプラハを、それにふさわしい街にしなければならない。そのための「舞台づくり」もすでに進められていた。

まず一三四四年には、従来の教会を建て替える形で、プラハ城内の聖ヴィート大聖堂の建設工事が始められていた。これは、カレルが教皇クレメンス六世と交渉して、プラハ司教座を独立の大司教座に昇格させたのと合わせて計画されていた事業である。

建築は、フランスから呼ばれたアラスのマシューに委ねられたが、彼が一三五二年に死んだ後、カレルはドイツのグミュント出身の若い建築家ペーター・パーラーをその後任として招いた。パーラー一家はすでにドイツで高い名声を誇っていた建築家一族であり、ペーター

3－2　聖ヴァーツラフ礼拝堂。一面に綿密な装飾が施され、荘厳な雰囲気（写真提供：チェコ政府観光局）

の兄弟たちもやはりプラハに来て、同じ工房で建築の仕事に携わった。ペーターは一三九九年にプラハで死ぬ直前までこの工房を率い、プラハ市内だけでなく他の都市にも多くの作品を残したが、やはり最大の事業はこの聖ヴィート大聖堂であろう。ゴシック式教会の最高傑作の一つに数えられるこの大聖堂については、すでにあちこちで取り上げられているので、ここでは、ペーターによって実現した二つの特色ある部分を挙げておくにとどめよう。一つは、内陣の南側に設けられた聖ヴァーツラフ礼拝堂、もう一つはこの礼拝堂と対になるようにして建てられた塔（南塔）である。

聖ヴァーツラフ礼拝堂は、その名が示すとおり、ヴァーツラフの遺骨と王冠を収め

3－3　**黄金の門**（上部）。**描かれているのは最後の審判の場面**

るための場所であり、大聖堂の中でも特別に神聖な空間である。チェコの中心としての神聖さがこの一点に凝縮されているといってもよい。内部には入念な装飾が施されている。この部屋は重要な儀式以外には用いられないが、後にはここで国王選挙が行なわれたこともある。

南塔は非常に大規模な、どっしりとした構えの塔であり、大聖堂全体と比べてみても不釣り合いなほど大きい。そして礼拝堂と南塔の間の外壁には、金色に輝くモザイクで上部が飾られた豪華な入り口が設けられ、黄金の門と呼ばれている。この塔と門があることにより、聖ヴィート大聖堂は、通常のように西側ではなく、南側が正面であるかのような構造になった。ちょうど南側に王宮が向かい合って建てられていることも関係しているだろうが、プラハ市内から城を見上げた時の視覚的な効果も計算に入れてのことであろう。この大聖堂全体が完成したのは何と二〇世紀に入ってからで、ペーターの時代に建てられたのはこの南側部分と内陣だけなのだが、それだけでも、チェコの最も神聖な建物としての存在感は十分にきわだっていたことであろう。なお、南側に荘厳な塔を建てるというプランは、後にペーターの弟子たちも建設に加わったウィーンの聖シュテファン大聖堂で、さらに華麗な展開を見せることになる。

首都拡張計画

カレルは、城内だけでなくプラハの街にも手を加えて、これを大きく作り変えた。ヴルタヴァ川の両岸に広がるプラハの人口は、一四世紀初頭ですでに一万人近かったと考えられており、それだけでもアルプス以北のヨーロッパでは例外的に大きな街であった。しかしカレルは、この街の将来の発展を考慮して、今日旧市街と呼ばれている地域の東から南にかけて新たな市域を設定した。これが後に新市街と呼ばれる地域である。これは主に、新しく移り住んでくる人たちのための区域であったが、騒音を出すなどの理由で旧市街からこちらに移された手工業者たちもいる。

プラハを構成したのはこの新・旧両市街だけではない。ヴルタヴァ川右岸にある丘の上の要塞都市ヴィシェフラトは、古くから国王の第二の城として使われてきたが、カレルはこれをさらに整備して、王宮や教会を建てなおし、各種の儀式などをここで執り行なった。一方、ヴルタヴァ川左岸の城の下には小市街（マラー・ストラナ）と呼ばれる地区があり、城と関係のある商人や手工業者が多く住んでいた。また、城とひと続きになった高台には、フラチャニと呼ばれる新しい市街が現れ、後には、大貴族の邸宅などが立ち並ぶ「お屋敷町」として発展していく。こうしてカレル時代のプラハは、推定で三万人から四万人の住民を抱える空前の規模の大都市となったのである。

皇帝の都プラハ

しかし、プラハは単に規模が拡大しただけではない。そこには、チェコ王および皇帝が住む街にふさわしいさまざまな仕掛けが用意されていたことに注目しよう。前に挙げたカレル橋や、その旧市街側の塔は、カレルが皇帝戴冠を果たした後、やはりペーター・パーラーの手で着工された建造物である。この塔は旧市街の入り口の門であると同時に、王が重要な儀式の時などに行列を作って城へ向かう時に必ずくぐる門でもある。したがって、古代のローマに建てられ、後にナポレオンがパリで真似することになる凱旋門と同じようなものと考えることもできる。また、同じくペーター・パーラーの手が加えられた重要な建造物として、

3－4　「聖母マリアおよび聖カール大帝教会」。丸屋根は16世紀後半に新たに付け加えられた

城の王宮に接した万聖人礼拝堂があり、これはパリのシテ島にあるフランス王の宮廷礼拝堂、今日サント・シャペルと呼ばれる建物をイメージしていたといわれる。もっともこれは後の一五四一年にプラハが大火に遭った際、大きな被害を受け、その後修復されたために、一四世紀当時の姿をしのぶことは難しい。

また、市の中心部から少々離れているためにあまり注目されないが、新市街の南東のカルロフと呼ばれる地区にある「聖母マリアおよび聖カール大帝教会」も独特である。これは、もともとカール大帝を深く崇敬していたカレルが、この偉大な「帝国の復興者」に捧げるために造らせた教会で、大帝がアーヘンに建てた宮廷礼拝堂と同じく八角形のプランが基本となっている。つまりこの異色の教会は、カレルがカール大帝のまぎれもない後継者であること、そしてプラハがかつてのフランク王国の宮廷所在地アーヘンを引き継ぐ街でもあることを、高らかに宣言しているのである。しかしこれも後に大規模な改修の手が加えられ、特に近世になって新たな装飾が施されたために、全体の印象はかなりバロック風のものになっている。

一方、新市街のヴルタヴァ川に近い場所に建てられたベネディクト派のナ・スロヴァネフ修道院は、クロアチアから修道士が招かれて、古代スラヴ語で典礼が行なわれていたことで知られる。修道院の隣には、古代スラヴ語の文献を扱う図書室や筆写室が置かれ、またキュリロスとメトディオスその他チェコにちなむ聖人に捧げられた教会も建てられた。九世紀に活躍した二兄弟の事業は、忘れられてはいなかったのである。このいわば「古代スラヴ語研究所」は、早くも一四世紀末には、当初の使命を放棄して通常のカトリックの修道院になってしまう。しかし少なくとも創設者カレルの意図としては、神聖ローマ帝国の重心が大きく東方に移動したことを示す象徴的な意味を持っていたに違いない。またこのナ・スロヴァネフ修道院と、先のカルロフの教会を含めて、新市街の南部には、ちょうど城の方角から見て十字の形に教会や修道院が配置されているのも偶然ではないだろう。

また、カルロフの教会には、本来、神聖ローマ皇帝の戴冠式用の宝物や、聖遺物などが保管されるはずであった。これは代々の皇帝が引き継いで所有するもので、カレルは一三五〇年に、ヴィッテルスバッハ家からこれを獲得していた。しかしカルロフの教会の建設がなかなか進まなかったため、プラハの南西に新しく建てられたカルルシュテイン城がその場所に指定された。そして年に一回、教皇の許可を得て、プラハ新市街の家畜広場、今日カレル広場と呼ばれる場所で、一般の人々に公開された。この日にはプラハだけでなく遠くからも見物客がつめかけ、訪れた人には巡礼の証明と贖宥状《しょくゆうじょう》が与えられたという。

神聖ローマ帝国で最初の大学が一三四八年にプラハに創設されたことも、こうした宗教施設の充実と似た意味を持っている。当時の大学とは、通常は教皇の許可を得て創設されるものであり、神学を中心とした知の体系を研究し、伝授する場であったからである。カレルの場合も教皇の勅書を得て、すでにプシェミスル朝時代から計画のあったこの事業を実行に移したのであった。したがって大学は教会の管轄下に置かれ、最高責任者たる学監はプラハ大司教が兼務する。このカレル大学は、四つの学部から構成されるなど、組織面でパリ大学に倣った構成となっており、ここにもフランス王国を範と仰いだカレルの方針がよく表われている。大学といっても特に本部の建物などがあるわけではなく、最初は修道院の空室や教会などで授業を行なっていたが、一三六〇年代頃から、教師や学生が寝泊りしつつ学問に励む施設、いわゆる学寮（コレギウム）が徐々に整備されていった。

皇帝カレルが夢見たもの

こうした新しいプラハの街の姿からは、カレルが描いていた帝国統治の構想が浮かび上がってくる。プラハは帝国の中ではむしろ東のはずれに位置しているが、チェコ王冠諸邦の中心であるこの街こそ、新たな帝国統治の拠点とするのにふさわしい。そう考えたカレルは、ここに、チェコの伝統につらなるものと、帝国の伝統につらなるものを、可能な限り集めていき、さらに当時のヨーロッパをリードしていたフランスに学ぶことも忘れなかった。そして自分の子孫であるルクセンブルク家がこのプラハを拠点とし、ここを中心に神聖ローマ帝国を統治する。そうすれば、ルクセンブルク一族も、チェコも、帝国もいつまでも安泰であろうと考えたのである。

しかし、こうしたカレルの壮大な構想は、プラハの住民にとっては必ずしもよいことばかりではなかった。全ヨーロッパ的規模で展開される外交や、時には戦争を遂行するには莫大な資金が必要であり、市民もその負担の一部を求められた。都市の拡大や建設作業にも金は必要であった。旧市街の住民にとっては、新市街の建設によって自分たちの市街が空間的に閉じ込められた形になってしまうのも不満の種であり、そうでなくても、隣接する二つの街の住民は、商売がたきとしてしばしば反目しあっていた。カレルは、二つの市街を統合するなどしてこの問題を解決させようとしたが、結局はうまくいっていない。また、プラハに創られた大学は、多くの教員や学生を呼び寄せ、街に好景気をもたらしたことも事実だが、他方、教会の管理下で完全な自治権を持っていたため、市当局にとっては何かと厄介な存在であった。

とはいえ、カレル時代のプラハが空前の繁栄の時期であり、市民が長期間にわたって平和を楽しむことができたことは否定できない。後の時代の人々が、カレルの時代こそが中世のプラハとチェコの最盛期であったとみなすのは、ごく当然のことであろう。

ただし、プラハが帝国統治の中心としていかに重要であろうと、ここはカレルにとって、あくまで数ある拠点のうちの一つでしかなかった。ドイツ王でもあり皇帝でもあるカレルは、プラハだけに落ち着いていられたわけではなく、国王としての在位期間三二年のうち、プラハに滞在したのは合計で九年から一〇年にすぎない。しかもこれには、カルルシュテイン城など近郊での滞在も含まれる。帝国統治の拠点としては、ドイツのニュルンベルクも重要で、ここには合計で二年半から三年を過ごしている。特に、ニュルンベルク近郊にあるラウフの城はカレルの好みの住居であった。

さらにカレルは晩年になって、ヴィッテルスバッハ家との粘り強い交渉の結果、北東ドイツの一大領邦ブランデンブルクを獲得し、ルクセンブルク家の領土とした。そしてベルリンの西方約一〇〇キロほどのエルベ河畔にあるタンガーミュンデに宮殿を建て、一三七七年にここに引っ越している。息子たちの間での領土分割の方法を定めて、生涯の仕事の仕上げをした上でのことであった。といっても政治の舞台から退いたわけではなく、翌七八年には息子ヴァーツラフとともにパリを訪れ、将来の教皇庁のあり方など重要問題についてフランス王と会談している。そしてプラハに戻った後、一一月二九日にこの生まれ故郷の街で六二年の生涯を終えた。

カレルの事業は成功だったといえるのだろうか。その後の歴史を知る者としては、一見したところ、あまり肯定的な答えはできないように思える。カレルの死後、チェコには一転して動乱の時代が訪れる。ルクセンブルク家もカレルの次の世代で断絶してしまう。ドイツ王と皇帝の地位、そして結局はチェコ王の地位もまた、オーストリアのハプスブルク家に受け継がれていくことになる。

しかし、プラハの街はハプスブルク家のもとでも、さらに華やかな文化を守り育てていった。チェコ王冠諸邦という制度も、数百年間維持され、現在までその痕跡を残している。それにオーストリア系のハプスブルク家はもともとルクセンブルク家とも親戚関係にあり、その皇帝たちはカレルの子孫でもある。聖ヴィート大聖堂の地下に眠るカレルにしてみれば、自分の夢は、完全にとはいえないまでもほとんどが実現した、といえるかもしれないのである。

第四章　「異端者」から「民族の英雄」へ
——教会改革者フスの業績と遺産

中世カトリック教会の危機

カレル四世が生涯の課題として取り組み、結局うまくいかなかったことが一つある。教皇庁をローマへ戻すことである。一四世紀初頭に教皇ボニファティウス八世がフランス王と衝突して敗れて以来、教皇庁は南フランスのアヴィニョンに置かれてきたが、このことはカトリック世界に厄介な問題を投げかけた。教皇は、本拠のローマに戻ることができなくなった代わりに、ヨーロッパ中にはりめぐらされた教会組織を通じて可能な限りの資金を吸い上げ、教皇庁の権威と権力を維持しようと図ったのである。

カレルは皇帝としての責務から、この問題を解決しようとあらゆる手段を尽くし、その結果、教皇は一三六八年に一応ローマに戻ることになった。しかし、一三七八年三月にグレゴリウス一一世が死去し、後任としてウルバヌス六世が選出されると、アヴィニョンに残っていた枢機卿たちはこれを認めず、別の教皇クレメンス七世を選出した。カレルはその後の展開を見ることなく世を去ったが、この時から四〇年以上にわたって、カトリック世界の頂点に二人の教皇が並び立つことになった。いわゆる教会大分裂時代である。両者は主導権を確保しようと権力闘争に明け暮れ、ますます多くの資金を各方面に求めるようになった。これはカトリックの信徒にとってはまさに深刻な事態であり、何かと理由をつけては金銭を要求する教会に対して、不満の声はさらに一層大きくなっていた。

しかし第二章でも見たように、あまりに豊かになりすぎたカトリック教会に疑問を抱く人々は、もっと以前から現れていた。この問題は、教会が抱えていた根本的な矛盾に根ざすものである。教会とは、神と人とを仲介する唯一の機関だとされている。教会は、人々の魂が死後に救われるように指導しなければならず、人々は、この世が終わる時に天国に行きたいならば、教会の教えには無条件で従わなければならない。こうして絶大な権威を確立した教会には、必然的に富と権力が集中する。これでは、財産を貯めこむのは罪であるという聖書の教えに自ら背くことになる。高い地位にある聖職者の中には、よそから集めた財産で豪奢な生活をしている人たちもいるらしいことに、人々は気づいていた。こうした事態にさらに拍車をかけたのが、教皇庁の分裂であり、それに伴う混乱だったのである。本来の役目を忘れたこのような教会に従っていて、人々は本当に救われるのであろうか。そもそも教会とは一体何なのだろうか。

こうした疑問を抱いた人たちの中には、少なくとも自分だけは敬虔な生活に徹しようと禁欲や善行に励む者もいたし、街や村の広場などで、正しい生活を送るように多くの人たちに向かって説く者もいた。しかし中には、教会を直接批判する言葉を投げかけたり、時には教皇を頂点とするカトリック教会の制度そのものを問題視するような人物も現れた。もちろん教会当局は、こうした動きに対しては厳しい監視の目を光らせ、特に危険な人物は、誤った教えを説く者として厳しく処罰した。しかし、社会が発展して人々の生活にも余裕ができ、信仰や道徳の問題を真剣に考える人々が増えていく中で、こうした傾向はすでに時代の必然的な流れであった。そして、一四世紀の半ばに、西ヨーロッパよりはやや遅れて繁栄の時代を迎えていたチェコも、その例外ではなかった。特に、神聖ローマ皇帝の居所としてヨーロッパの政治的中心地の一つとなっていたプラハでは、教会分裂の問題も、一層深刻に受けとめられていたのである。

評判の説教師が語ったこと

一五世紀の初め、プラハ旧市街にあるベトレーム礼拝堂で、一人の聖職者の説教が大変な評判になっていた。その人物は名をヤン・フスといい、生まれたのはおそらく一三七〇年頃、出身地はチェコ南西部のフシネツという村だと推定されるが、確証はない。プラハ大学で哲学や神学を学び、一三九八年に教授になった。さらに一四〇〇年には聖職者となり、その二年後にベトレーム礼拝堂の専属説教師の地位を得て、ここでほとんど毎日のように大勢の人々に向かって語りかけていたのである。

この礼拝堂は、宗教活動に熱心なプラハ市民たちによって建てられ、ここでの説教は必ずチェコ語で行なわれることになっていた。この点、ときどき誤解されることがあるのだが、チェコ語で説教をするのは違反でも何でもない。ただ、ドイツ語とチェコ語が併用されていたプラハの街で、この礼拝堂はチェコ語専用と定められていたのが、少々珍しかっただけである。むしろ例外的だったのは建物の大きさで、礼拝堂には不釣り合いな、公会堂といった方がぴったりする大ホールで有能な説教師が熱心に語りかける言葉は、聴く人に強い印象を残さずにはいなかった。

フスの説教の中身は、残された原稿からほぼその全容を知ることができる。彼は聴衆に向かって説いた。現在の教会の悲惨な状態は、聖職者の不道徳に原因がある。その人が本当に聖職者といえるかどうかは、彼が本当に神の言葉を説いているかどうかで判断すべきであり、教皇や司教が彼を承認したかどうかは重要ではない。利益ばかり追い求め、教会で商売まがいの活動をしている司祭は、本当の司祭ではない。もったいぶった長たらしい祈りを唱えつつ、キリストを冒瀆するようなことを平気でしでかすような修道士は、本当の修道士ではない。この世に生きる人々は、どのような身分であるかにかかわらず、神から与えられた職務を守って正しい生活を送り、悪がはびこらないよう十分に注意しなければならない。この世の終わりに皆が天国に行けるようにするには、それ以外に方法はないのだ、と。

こうした説教を聴いた人々は何を思ったであろうか。道徳的に問題のある聖職者は確かにいただろうが、それはいつの時代にもありうる話である。むしろここでは、この時代特有の事情を考えるべきだろう。カトリック教会それ自体が、ヨーロッパ各地の社会にとって重荷になりつつあったことはすでに見たが、一四世紀に大きく発展したチェコでは、その問題は特に深刻であった。カレル四世によって優遇された教会は、莫大な財産を抱えこみ、しかもその地位は特権によって守られていた。たとえばプラハのような都会でも、税金を支払う必要のない教会の土地がかなりの部分を占めていた。近郊の農村に所領を持つ教会や修道院が、そこで生産した穀物やビールなどを無税で市内に持ち込むのも、トラブルの原因になった。聖職者がしばしば怪しげな理由で人々から金品を要求していること、その一部はカトリック教会の中枢部に流れていること、その過程に寄生するようにして暮らしている聖職者もいるということを、人々は知っていた。さらには、司祭や修道士が仕事の管轄権や財産をめぐって醜く争うのを間近に見た人々も少なくなかったであろう。

このような悪を許してよいはずがない。悪い人間が地獄に落ちるのは当然だが、それを見逃している人々まで地獄に突き落とされてはたまったものではない。そしてもちろん、聖職者だけでなく、一般の人々も行ないを正し、やがて来る審判の日に備えなければならない。フスの説教が人気を博したのは、社会が抱えたこうした問題の本質を、大勢に向かって、しかもどちらかというとあまり豊かでない階層の人々が使うことの多いチェコ語で、わかりやすく語って聞かせたからであった。

それだけでもフスは教会当局から要注意人物として目をつけられるのに十分だったが、教会批判者としての彼の名は、さらに別の場面において急速に広まっていく。

神学論争に揺れるプラハ大学

フスがベトレーム礼拝堂で評判になっていた頃、彼もマギステル（中世の大学に設けられた学位。これがあれば大学の教員の資格を得ることができる）として所属するプラハ大学は、激しい論争で揺れていた。一三八四年に死んだオックスフォード大学の神学者ジョン・ウィクリフの説をめぐって、大学全体が支持派と反対派に分かれていたのである。論争はきわめて難解な神学理論に関するものだが、特に重要なのは、教会についてのウィクリフの考えであった。彼は、本当の意味での教会とは、教皇を頂点としてヨーロッパに君臨している組織のことではなく、死後の救済が予定されている人々の集まりそれ自体を指すのだと説いていた。このような意味での教会は、自然にあちらこちらに存在しているのであって、目に見えるような形をとるものではない。もちろん、教会が財産をかき集め、現世でさまざまな権力を行使することは厳しく批判される。さらにウィクリフは、教会の根本教義の一つである化体説、すなわち聖餐《せいさん》の秘蹟においてパンがキリストの肉に、葡萄酒がキリストの血に変化するという説を大胆にも否定した。

これらの説にはそれぞれ賛否両論があったのだが、プラハ大学のメンバーのうち、ウィクリフの主張に同調したのは、主に地元のチェコ出身の人々であった。ここで大学の組織について説明しておく必要がある。プラハ大学は神学、法学、医学、自由学芸の四学部からなっていたが、それとは別に、メンバーは出身地別に四つの国民団というグループに分けられていた。まず「チェコ国民団」はチェコおよびチェコから見て東の地域、「バイエルン国民団」は主にドイツ南部、「ザクセン国民団」は主にドイツ北部、「ポーランド国民団」はシレジアやポーランド方面の出身者からなっていた。つまり国民団とは、プラハを中心に見て大きく方角別に分けた組織であって、現在われわれが用いる国民という言葉とは何の関係もない。とはいえ、大学の基本方針に関わる重要な決定は、この国民団単位で行なわれるので、組織としてはむしろ学部より重要であったといえるかもしれない。そして今、主に「チェコ国民団」はウィクリフ支持派に、他の三「国民団」は反対派に、大きく分かれていたのである。

なぜチェコ出身者にウィクリフの説が受け入れられたのか、納得のいく説明はあまりない。しかし、チェコでは右に述べたような事情で教会のあり方が特に問題となっていたことと、無関係ではないだろう。そして説教師フスも、必ずしもウィクリフのすべての主張に賛成していたわけではないとはいえ、「チェコ国民団」のメンバーとして、積極的なウィクリフ支持者の一人として活躍していた。しかし組織の上から見れば、彼らは大学内では少数派である。教会当局も、一種の危険思想でもあるウィクリフの説を支持する人たちに対して、しだいに強い圧力を加えるようになっていた。ところがここで、大学の力関係を一挙に逆転させる機会が訪れる。

教会改革を後押しする国王

この頃、カトリック教会では、長年にわたる教皇庁の分裂を解決するため、イタリアのピサに公会議を召集して新たな教皇を選出し、アヴィニョンとローマの二人の教皇を退位させるという計画が持ち上がっていた。そのため各国の君主には、二人の教皇のどちらも支持しないようにという要請が届いていた。カレル四世の後を継いでドイツとチェコの国王になっていたヴァーツラフ四世は、ドイツの君主としては評判が悪く、選挙侯たちから廃位を宣言されていたが、新たに選ばれる教皇によって、再び自分のドイツ王位が承認されることを期待し、この要請に応じていた。ところが、プラハ大学内部では、「チェコ国民団」を除いて、国王の意向に反してローマ教皇を支持する声が強かったのである。

これを見た国王は一四〇九年一月一八日に勅令を下し、今後、大学での意思決定においては、各「国民団」が平等に一票を投じるのではなく、「チェコ国民団」が三票、他の国民団が合わせて一票を投じるようにと命令したのであった。どう見ても無謀な決定だが、ウィクリフ支持派の強い後押しがあったことは想像に難くない。もちろん三つの国民団は厳重に抗議したが、決定は覆らなかった。敗れた人々は、ドイツのライプツィヒに新設された大学などへと移っていった。こうしてプラハ大学におけるウィクリフ支持派の立場は一気に強められたのである。

国王がウィクリフ支持派を優遇した背景には、もっと本質的な理由もある。父カレル四世のもとであまりに強大になりすぎた教会とヴァーツラフ四世の間はあまりうまくいっていなかった。国王は、プラハ大司教や有力な修道院長などの高位聖職者を、むしろうとましい存在と感じ始めており、これは貴族や領主たちも同じであった。そうした彼らにとって、教会は財産を持つべきではない、この世の財産は世俗の権力者に委ねるべきである、というウィクリフ支持派の主張は、非常に受け入れやすいものだったのである。

しかし教会当局としては、このような事態を放置しておくわけにはいかない。これ以上危険な思想がプラハに広まるのを防ごうと、一四一〇年にプラハ大司教ズビニェクはウィクリフの著作の焼却処分を命じ、これに反対したフスその他に破門を宣告した。すると今度は国王がこれに対抗してプラハの教会の財産没収を宣言し、さらに翌年には、教会の内部や聖職者の実情を調査せよと命じた。これを受けて多くの聖職者が厳しい取り調べを受けたほか、一部では市民たちによる教会財産の略奪や聖職者に対する手荒な暴行事件にまで発展した。

このような前代未聞の混乱の中でフスは、教会を正しい状態に戻すのは国王の役割であり、国王は臣民の魂が救われるように配慮する義務があると述べて、ヴァーツラフ四世の行動を正当化した。フス自身がこうしたごたごたの先頭に立っていたとは考えられないが、民衆を怪しげな説教で煽動し、教会に対する反抗へと駆り立てている彼こそが一連の騒動を引き起こした張本人であるという評価は、すでに定まっていた。後に彼はこうした事件に対する責任を厳しく問われることになる。

正しいキリスト教社会の実現をめざして

それでも国王の保護が期待できる間は、まだフスも安全であった。しかし一四一二年にローマ教皇がヨーロッパ各地で販売した贖宥状が、両者の関係を引き裂いた。フスは、贖宥状には人間の罪を消し去る効果はなく、せいぜい教会への喜捨になるにすぎない、それに今回の贖宥状はローマ教皇がナポリ王と戦争するための資金調達を目的としたものであり、正当化できないと主張した。これを聞いた一部の市民たちは、贖宥状販売を阻止しようと、実際に教会に乗り込んでいった。しかしこの時はヴァーツラフ四世がローマ教皇を支持していたため、フスはついに王の怒りに触れてしまったのである。教会から重ねて破門の罰を受けたフスは、プラハに住むことができなくなり、貴族の保護を求めてチェコ南部のコジー・フラーデクなどの城に住居を移した。貴族や領主の中には、フスを支持する人々が多数いたのである。フスはこうして国内亡命の生活を送りつつ、『教会論』などの執筆や聖書のチェコ語訳などの仕事にいそしむことになる。

ここで、フスが最終的にたどりついた思想に少々触れてみることにしよう。

すでに見たように、フスが一貫して取り組んでいたのは、いかにすれば人々の魂は死後の救いを得られるかという純粋に宗教的な問題である。今までのように教皇に絶対的な権威を認め、教会の命令に従っていればよろしいというわけにはいかないことは、明らかになりつつある。そもそも教会とは、そのようなものではなかったはずである。ウィクリフも述べるとおり、教会とは「正しいキリスト教徒の共同体」のことを指すのであって、その中で、聖職者も、貴族も、商人も、農民も、神から与えられた役割を果たしながら、正しい社会の実現に向けて、努力しなければならない。聖職者は言葉の力により、貴族は剣の力により、この世に正義を行き渡らせる使命を負っているのである。聖職者は何よりも人々の模範にならなければならないし、貴族は領民を苦しめてはならない。商人や農民も、誠実に仕事に励むことで神に喜ばれなければならず、商人が暴利をむさぼったり人をだましたりするのはもちろん許されない。

要するにフスは、聖職者の指図にただ黙って従うのではなく、すべての人々が自覚をもって神の正義の実現に向けて努力せよと説いていたのである。ただし彼は教皇が教会全体の代表者であることは認めており、この点で後の宗教改革者ルターなどとは異なる。しかし教皇の命令は絶対ではない。ではキリスト教徒が頼るべき最高の規範は何か。いうまでもなくそれは、「神の定めた法」を記した書物、聖書である。もしも聖職者の命令が聖書の教えと食い違っていたならば、人々は聖書の教えの方に従わなければならない。そしてもしも、教会や聖職者の間に不道徳や悪徳がはびこっているならば、貴族や都市当局など世俗の権力が、悪を実力で追放する役割を担う。その最高責任者は国王であり、国王は自分の国に正しい秩序が行き渡るように、常に努力する義務がある。

以上のようにフスは、中世も終わりに近くなってほころびの目立ってきた教会の実情を見て、本来の教会とはどのようにあるべきかを徹底して考え抜き、その改善の方法を示したのであって、カトリック教会に刃向かおうとするような意図は全く持っていなかった。確かに、不道徳な聖職者や領主には従わなくてもよいという発言はかなり不穏当ではあったが、フスが本当に言いたかったのは、人々は皆、神の命令に従いなさいということであって、民衆を煽動して社会を転覆させようなどとは全く考えていなかったのである。

それなのにフスは、プラハで生じた数々の事件の張本人とみなされ、危険人物だとか教会の敵だとか呼ばれて、非難の集中砲火を浴びている。こうなったからには、なるべく多くの教会関係者のいる前で堂々と自説を述べて、自分の主張が間違っていないことをわかってもらうしかない。幸いプラハ大学には、教皇庁と太いパイプを持つ有能な友人たちもいる。そう考えていたフスのところに、ドイツ王ジクムントから、コンスタンツ公会議への参加要請が届いた。

異端者としての死

ジクムントはカレル四世と四人目の妻の間に生まれた息子で、チェコ王ヴァーツラフにとっては母親違いの弟にあたる。父の巧みな婚姻政策のおかげでハンガリー王位を受け継ぎ、一四一〇年にはドイツ王にも選ばれていた。その彼が南ドイツのコンスタンツに公会議を召集したのは、まず何よりも、ピサの公会議以来教皇が三人もいるという異常事態を早く解決させるためであった。ヨーロッパ各国の使節や教会関係者などが集まる公会議に、フスは教会問題の専門家の一人として呼ばれたわけである。

フスは、これが相当に危険を伴うことを十分承知していたが、公の場で議論することこそ自分の役割であると考えてこの招聘を受け入れ、一四一四年秋にコンスタンツに向かった。途中の町々では、歯に衣を着せない教会批判者として好意的に迎えられ、一一月三日にコンスタンツに到着したが、その後一ヶ月もしないうちに、公会議を指導する一部の人々によって、明確な理由も示されないままに捕えられて幽閉されてしまった。これにはジクムントも当惑し、釈放を要求したが、ドイツ王の命令さえフスを自由の身にすることはできなかった。その一方、多くの聖職者が各地からコンスタンツに集まり、フスが教会にとっていかに危険な人物であるかを主張してまわった。

フスは公開の場で意見を述べさせてほしいと何度も要求したが容易に実現せず、ようやく討論の場が与えられたのは一四一五年六月になってからであった。しかしここでも、フスには十分な発言の機会は与えられず、逆にフスの著作の中からいくつかの条項が示されて、それを撤回するかどうかの返答を迫られた。フスは、自分の主張が聖書に照らして間違っていると教えてくれるならば喜んで撤回しようと述べ、また、自分に対する訴えの中には、自分が実際には主張していないことが含まれていると抗議した。特に、フスがウィクリフと違って化体説を否定していないにもかかわらず、あたかも否定したかのように訴えられたことは、この裁判の重大な誤りとして後々まで問題とされることになる。

しかしフスがいかに自分の正しさを主張しようと、非難の大合唱の前には無力であった。七月六日、公会議は、あくまで自説の撤回を拒否するフスを、矯正不可能な異端者と断定した。ただちにフスは聖職を剝奪されて世俗権力に委ねられ、コンスタンツ郊外に設けられた火刑台でその生涯を閉じたのであった。

死をも恐れずに信念を貫き通したフスの姿は強く人の心を打つ。しかしここで一つ忘れてはならないことがある。フスを断罪したコンスタンツの公会議もまた、あまりに教皇に権力が集中しすぎた弊害を解決しようとして開かれたのであって、その意味で、公会議の指導者たちとフスは、近い立場にあったのである。フスの主張は実は間違っていないのではないか。公然とそのように発言できる人はさすがにほとんどいなかったが、内心そう思っていた人々は少なくなかった。そもそも、最高の規範は聖書であるというフスの主張を正面から否定することは、誰にもできなかったはずである。

ではなぜ、フスは抹殺されなければならなかったのだろうか。それはつきつめれば、教会の権威と役割をどう考えるかという点に行き着く。フスは、最高の規範は聖書であるという主張をそのまま展開させ、聖書を根拠に教皇や聖職者を批判してもよいと考えた。しかし公会議側は、聖書を解釈してそれを説く権利は教会にしかなく、すべての人に聖書の解釈や説教を許せば世界は混乱に陥ると考えた。この違いが結果としてはフスを異端者の側に押しやったのである。

教会はいかにあるべきかという問題は、ここまで社会の奥深くに突き刺さっていた。公会議は、フスという一人の批判者を葬り去ることはできたが、チェコで生じていた教会批判の運動を消し去ることはできなかった。フスの死をきっかけにして、情勢はさらに新たな局面へと移っていく。

フス派戦争

まず、チェコやモラヴィアではフスを支持する貴族たちが集まって同盟を結び、フスの処刑に抗議する書簡を公会議あてに送った。彼らは、チェコ王国民であるフスが公会議で裁判にかけられて処刑されたのを、国に対する侮辱と受け取ったのである。また同じ頃、ウィクリフ支持派は、パンと葡萄酒の両方を用いる聖体拝領、いわゆる両形色聖餐を実施するようになった。聖書にそのように書いてあるから、というもっともな理由があったが、カトリッ

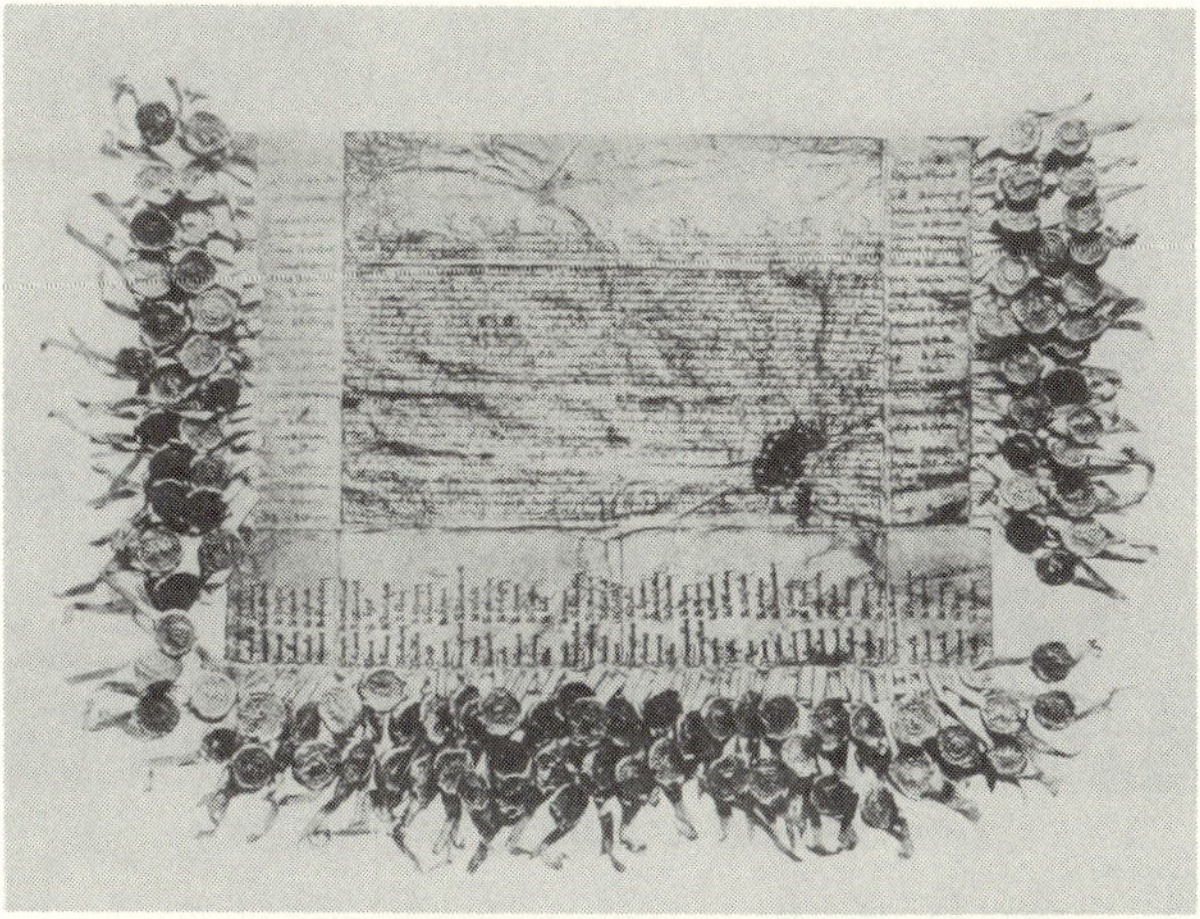

4－1　フスの処刑に抗議する貴族たちの書簡。「フスの処刑はボヘミアとモラヴィアに対する永遠の侮辱であり誹謗である」と書かれ、多くの貴族たちの印章が付されている

ク教会では、信徒はパンだけで十分であるとしていたので、これは教会に対するあからさまな反逆である。こうしてウィクリフ支持派はカトリックとは別の集団を作るようになり、この新しい宗派は、いつしかフス派と呼ばれるようになっていった。

そして一四一九年七月三〇日、ジェリフスキーという説教師に率いられたフス派が、投獄されている同志の釈放を求めてプラハ新市街市庁舎に向かい、それが容れられなかったために役人たちを二階の窓から放り投げて惨殺するという事件が起きる。この騒然とした状況の中で、八月一六日にヴァーツラフ四世が後継者を残さずに急死すると、フス派はその弟

4－2　タイルに描かれたフス派の戦士たち（15世紀半ば）

で王位継承者でもあるドイツ王ジクムントに、自分たちの信仰の正しさを認めてほしいと要請した。しかしジクムントはこれをはねのけ、異端撲滅のための軍隊を率いてチェコに乗り込んできた。一四二〇年七月一四日、プラハ東郊のヴィートコフの丘（現在のジシュコフの丘）のふもとで戦端が開かれ、一五年以上にわたるフス派戦争が始まったのである。

フス派は決してまとまった宗派ではなく、カトリック教会との早期和解を望む穏健派から、徹底抗戦を主張する急進派まで多くの集団に分かれていた。もちろんフス派に全く共感せず、カトリックにとどまる人々も多かったが、プラハを中心とした国の中枢部はほぼフス派によって支配されていた。過激な異端者集団が政権を握ってしまったチェコを見て、周辺諸国の人々が恐怖におののいたのも無理はない。カトリック教会は数回にわたって軍隊を送り込んだが、フス派はこれをことごとく撃退した。ジシュカやプロコプなど優れた指揮官によって組織されたフス派の軍は、神の戦士を自称して熱狂的な戦いぶりを見せる。カトリック教会はこの異端者たちを武力で退治するのをついにあきらめ、一四三一年からバーゼルで開かれていた公会議にフス派を招いて和解交渉に持ち込んだ。チェコ南部の都市ターボルなどを拠点とする急進派はあくまで戦う構えを見せたが、一四三四年にプラハ東方のリパニの戦いで大敗し、急速に勢力を失った。こうして一四三六年に穏健フス派とカトリック教会との間に和解が成立し、フス派戦争は終結することになる。

フス派の時代とその終焉

この戦争で最も利益を得たのは貴族たちであった。戦争の間、国王は事実上不在だったから、その所領や財産は荒らされ、中世以来築かれてきたチェコ王の権威は大きく失墜した。国王の保護下にあった教会も同様で、所領や財産はほとんどが貴族たちに奪われ、カレル四世の頃に勢威を誇った教会の姿は、戦争後には見る影もなかった。

この後二世紀近くにわたって、チェコとモラヴィアではフス派とカトリックが共存する時代が続く。彼らは互いに自分たちこそ正しいキリスト教徒だと信じていたから、平和共存は容易ではなく、時には流血の惨事も起こったが、いつまでも争っていては国が崩壊してしま

4－3　モラヴィアのチシュノフにある修道院の教会入り口を飾る十二使徒像（一部）。**頭部はフス派により破壊されたため、後に新しく作りなおされた**

うということにも、多くの人々は気づいていた。

一六世紀になると、ドイツやフランスの宗教改革の影響を受けてフス派にも刷新の気運が高まり、彼らはしだいにプロテスタントへと接近し始める。ルター派も一定の勢力を築いたし、急進フス派の流れを引く「同胞団」というピューリタン的な宗派も無視できない存在であった。チェコを統治する国王にとっては、こうした宗派分裂は悩みの種であったが、そうかといって強硬手段をとることもできず、騒動さえ起こさなければどのような信仰も容認するという方針をとり続けていた。宗教的には非常に寛容な時代だったといえる。

しかし、一六一八年に生じた叛乱がこう

した時代の終焉の引き金となる。フス派を含むプロテスタント貴族たちがプラハ城の窓から皇帝の代官らを放り投げる事件から始まったこの叛乱は、わずか二年後にプロテスタント側の敗北であっけなく幕を閉じた。この事件については、第七章でもう一度触れることになる。それ以降、チェコ王冠諸邦ではカトリック以外の宗派は禁止され、フス派の歴史はひとまず終わりを告げる。その後に訪れた長い平和な時代の中で、フスや、フス派戦争で活躍した戦士たちの名は、人々の記憶からしだいに消えていった。

近代に復活したフス

不名誉な異端として歴史の片隅に追いやられ、ほとんど忘れられようとしていたフスやフス派の名は、一九世紀に入って華々しい復活をとげる。自分たちの国には、他のヨーロッパ諸国にひけをとらない、中世以来の輝かしい歴史があると考えたチェコの人々は、カトリック世界全体を相手に一歩も引かずに戦ったフスやフス派の時代こそ、チェコの歴史の頂点であったと解釈したのである。最初は歴史家らの学問的な主張にとどまっていたが、ハプスブルク帝国の中でチェコ人の自治拡大を求める運動が高まるにつれて、フスの評価も政治的な意味合いを帯びていった。かつての異端者は、今や殉教者として崇拝の対象となり、フス派の戦いは文学作品や絵画で好んでとりあげられ、ベドジフ・スメタナの連作交響詩『わが祖国』の五曲目『ターボル』のように、フス派が歌ったとされる歌をモチーフにした音楽も作曲された。フスこそチェコ民族精神の誇りである、といった、歴史の実態に照らせばかなりおかしな議論が、ごく普通にまかり通る時代になったのである。一九一五年七月六日、すなわちフスの処刑後五〇〇年目の日にプラハの旧市街広場で除幕式が行なわれた、ラジスラフ・シャロウン作になるフスと支持者たちの群像は、こうした英雄としてのフスのイメージを見事に表現した傑作といえるだろう。

ただしこれは、フス派の信仰が復活したことを意味するわけではない。政府による長年の努力によって、チェコではカトリックの圧倒的な優位が定着しており、近代に入ってもそれは変わらなかった。フスは民族の自立という政治的主張のシンボルとして崇拝されたのであって、フスの宗教思想はむしろどうでもよかったのである。

しかしこれは、チェコに定着したカトリック教会にとっては、非常に頭の痛い問題であった。あまりにフスの人気が高まれば、ローマ教皇庁との関係にも支障をきたす。それに何よりも、今や民族の英雄になってしまったフスが、いつまでも異端者のままというのも、どうにもおさまりが悪い。神学者や歴史家の中には、フスはカトリックの教義に照らしてどこも間違っていなかったという立場からコンスタンツでの裁判の見直しを主張し、フスの名誉回復を求める人々もいたが、公会議で異端の烙印を押された人物の評価を改めさせるのは、きわめて難しかった。こうした中で一部の聖職者たちは、一九一八年にチェコスロヴァキア共和国が成立した直後にカトリック教会から分離して、「チェコスロヴァキア教会」を結成した。彼らはしだいにフス派の教義を取り入れ、社会主義政権下の一九七一年には正式に「チェコスロヴァキア・フス派教会」を名のるようになったが、宗教離れが進んだ現在のチェコ社会の中で、大きな影響力を持つにはいたっていない。

この問題が最終的に解決したのは、冷戦が終わってからである。一九九〇年にプラハを訪問した教皇ヨハネ・パウロ二世は、フスを教会改革者たちの中に正しく位置づける必要があると述べ、フス再評価への道を開いた。そして一九九九年一二月にヴァティカンで開かれたシンポジウムの席上で教皇は「フスに課せられた過酷な死と、その後に生じた紛争に対して、深い哀惜の意を表明する」との声明を読み上げたのである。フスの裁判は誤りであったとは一言も述べていないところがどうにも中途半端だが、公会議の決定はさすがに覆せなかったのである。これで事実上、フスは名誉回復を果たしたといえるだろう。

それにしても気の長い話である。六〇〇年近くも昔の異端者が正しかったかどうかなど、おおかたの現代人にとってはすでにどうでもよかったし、熱狂的なフス崇拝もとっくに下火になっている。いささか大げさな名誉回復のセレモニーを見つめる目は、かなり冷ややかであったといわざるを得ない。それでも、フスがチェコの歴史上の傑出した人物であることに変わりはないし、解明されるべき点もまだまだ残されている。将来、これまでとは全く違ったフスの人物像が明らかにされる可能性も、ないとはいえないのである。

第五章　貴族たちの栄華
――ペルンシュテイン一族の盛衰

中世のモラヴィア地方

現在のチェコ共和国は、西のチェコ地方と東のモラヴィア地方から成り立っている。厳密には、オストラヴァなどの都市がある北東部一帯はシレジア地方と呼ばれるが、これはかつてチェコ王冠諸邦の一部であったシレジアの大部分が一八世紀に切り離されてプロイセン領になった時に、わずかにチェコ王の支配下に残された部分である。

チェコ地方は全体がゆるやかな盆地になっている。ここの水系はほとんどすべてがヴルタヴァ川に、そしてさらにラベ川に集まり、この川は北部の峡谷を流れ下ってドイツに入り、エルベ川と名前を変えてはるか北海に注いでいく。これに対してモラヴィア地方は、ほぼ北から南へ流れるモラヴァ川流域の非常にゆるやかな谷に開けており、南部はそのままドナウ川流域の広大な平野へと続いている。チェコに比べて開放的な地形が特徴といえる。

すでに第一章で見たように、かつてこのモラヴィアの南東部、現在のスロヴァキアとまたがる地域にモラヴィア王国が栄えていた。この国が滅んだ後、モラヴィアはチェコとポーランドの間で争奪の対象になったが、一一世紀の半ば頃からチェコの君主プシェミスル家による支配が確定した。チェコの君主は、弟やいとこなどをモラヴィア各地の拠点に分国侯として配置して、この国を間接的に統治したのである。一二世紀末には、神聖ローマ皇帝の帝国統治政策の一環として「モラヴィア辺境伯」という君主が置かれることになったが、チェコ王による間接統治という実態は変わらなかった。カレル四世は父の存命中はモラヴィア辺境伯を名のり、自分がチェコ王になると代わりに弟をこの地位に任命したのであった。

このようにモラヴィアの政治制度はどことなくあいまいで、強力な君主が現れて全土を統一的に支配するようなことはほとんどなく、各地で有力な貴族や司教、修道院長などが広い領地を背景に権力をふるっていた。特に、フス派戦争の結果、チェコ王の権力が大きく失墜し、有力貴族の躍進がめざましかった一五世紀から一六世紀にかけては、モラヴィアから野心と才能を備えた人物が頭角を現して、政治の主役にのし上がる可能性は、十分にあったのである。

炭焼きヴァニェクの伝説

モラヴィアの中心都市ブルノから北西へ、スヴラトカ川に沿ってさかのぼっていくと、チシュノフという小さな町に着く。第二章の主人公アネシュカの母コンスタンツェが、老後の住みかとして修道院を建てた場所である。ここからさらに上流はすでに、モラヴィアとチェコの境界をなす高原地帯の一角である。高原といってもせいぜい標高数百メートル程度だが、丘や谷が複雑に入り乱れ、場所によってはかなりの山奥に踏み込んだ気配が漂う。そうした山間部に入り、ネトヴィエジツェという村まで来ると、谷の奥にいかにも堅牢な騎士の砦という感じの古城、ペルンシュテイン城が見えてくる。

5－1　ペルンシュテイン城。13世紀以降、長年にわたって増改築が繰り返されたため、内部は複雑な造りになっている

ペルンシュテインという名前は明らかにドイツ語起源で、ベーア（熊）とシュタイン

（石、岩）の組み合わせでできている。ここに最初に城が建てられた一三世紀には、城にドイツ風の名前をつけるのが貴族たちの間で流行だったようで、ほかにもそうした例はいくつもある。一方、ネトヴィエジッェという村の名はチェコ語だが、これもメトヴィエト（熊）からきており、城の名前と対応している。ドイツ語の城の名と、チェコ語の村の名と、どちらが先なのか、今となってはわからないが、かつてはこのあたりに獰猛な野生動物がうろうろしていたことだけは確かであろう。それはともかく、中世の貴族たちには、自分の名の後に居城の名をつけて名のる習慣があった。そして、スヴラトカ川の奥深い谷間に定着した一族は、いつしかペルンシュテイン家と呼ばれるようになっていったのである。

この一族については、次のような伝説がある。五六四年、スヴラトカ川上流のズプシュテイン城に滞在していたモラヴィア辺境伯ヨシュトは、このあたりの森に野牛が出没して人を襲ったりするのを見て心を痛め、この地方を野牛の被害から救った者にはたっぷり褒美をとらせると宣言した。近くに住む炭焼きのヴァニェクもまた、ある時野牛に襲われて危うく殺されそうになったが、持っていたパンを与えると野牛はおとなしくなった。その後も出会うたびにパンを与えているうちに、野牛はすっかりなついてしまったので、ヴァニェクは野牛の鼻に若枝で編んだ輪を通して、これに綱をつけてズプシュテイン城まで引っ張っていった。辺境伯は獰猛な野牛を生け捕りにしたヴァニェクを称えて広大な領地を褒美として与えた。

後にヴァニェクが領地に城を建てると、辺境伯はこれにペルンシュテイン城という名を与え、さらに彼とその子孫に、鼻輪をつけた野牛の頭の図柄を家紋として用いることを許したという。

これは一六世紀前半のある詩にうたわれている伝説で、内容からしてほぼ完全にフィクションだし、五六四年とはいくらなんでも古すぎる。貴族の家柄は古ければ古いほど由緒正しいと考えられていたのでこうなったのであろう。それでもこの伝説から何らかの事実を想定することはできる。ペルンシュテイン家が、もとは山里に住む庶民にすぎなかったこと、しかし勇敢な行動を認められて君主に仕え、出世していったことである。「鼻輪をつけた野牛の頭」の紋章も、遅くとも一二二〇年頃には使われていたことがわかっている。

戦国領主ペルンシュテイン一族

この一族で最初に存在が確認できるのは、一三世紀初めのシュチェパーンという人物で、当時モラヴィアで覇権を競っていたプシェミスル家のメンバーたちのいずれかの家臣となり、武勇を認められて城の管理などを任されていたらしい。彼とその子孫たちは、自力で土地を開拓したり、ほかの有力者と土地を交換したりするうちに、一三世紀後半には、ペルンシュテイン城を本拠とする実力者の地位を確立していったのだと考えられている。

ペルンシュテイン家系図
（数字は生没年）

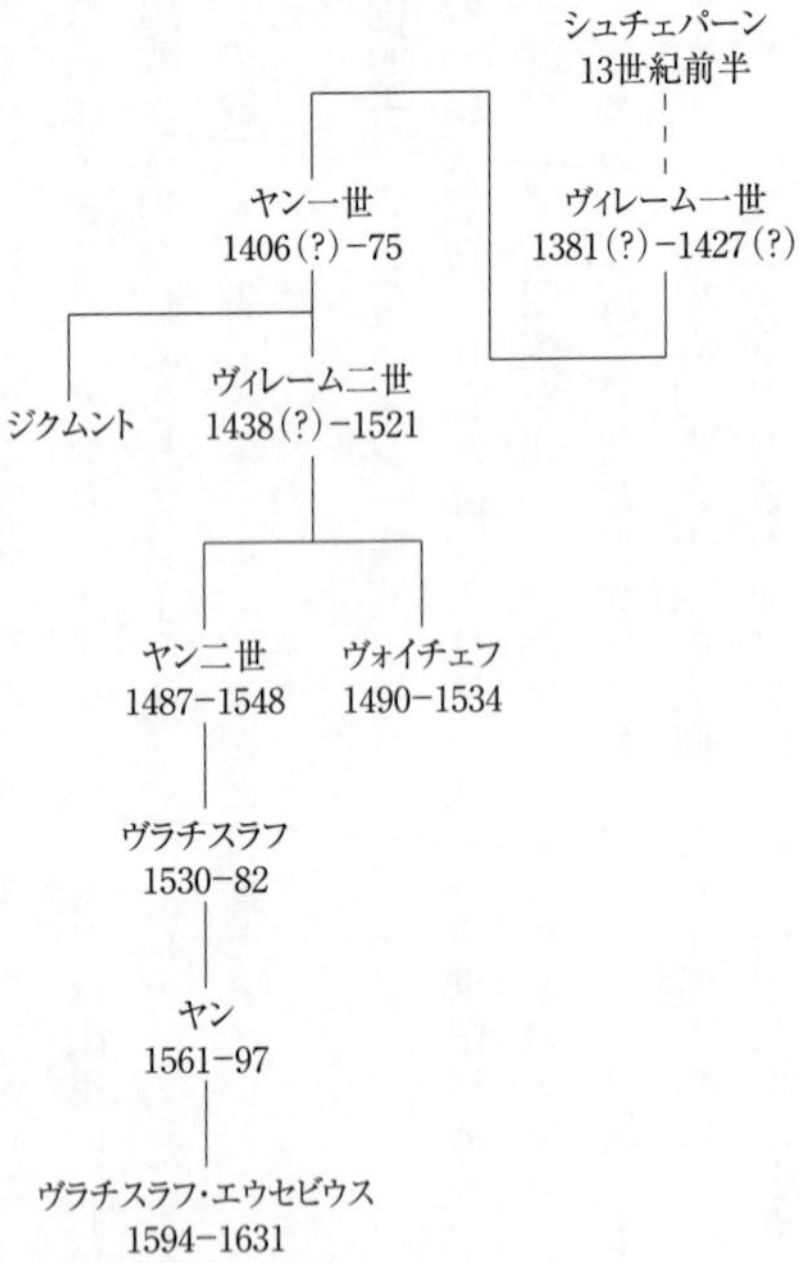

その後、カレル四世がチェコ王の座にあった平和な時代には、貴族たちが活躍する機会はあまりなかったが、一四世紀末になると彼らの武力が再びものをいう時代が訪れた。ルクセンブルク朝に内紛が生じて肉親同士が争いあい、彼らはそれぞれ有能な家臣とその軍事力に頼ったのである。こうした中でペルンシュテイン家はカレル四世の甥にあたる辺境伯ヨシュトを主君に選び、持ち前の武力を発揮して出世していった。

なかでもヴィレームという人物はヨシュトからモラヴィアを統治するほぼ全権を委ねられ、ペルンシュテイン家の歴史の中ではヴィレーム一世と呼ばれている。ヨシュトが一族の内紛に忙殺されていたために、本来の君主の役割を有能な家臣に任せたのであろう。もっとも、この時のヴィレームの統治がどれだけモラヴィアの人々に歓迎されたかは疑わしい。国内の治安を保つという名目で彼自身がいろいろな武装集団を配下に収め、あちこちで好き勝手にすごみをきかせていたという方が事実に近い。

特にこのころ目立ったのは、貴族と市民の対立である。チェコやモラヴィアでは一三世紀頃から商取引が活発になり、各地に小規模な都市が築かれていったが、商才だけを頼りにのし上がってくる市民を貴族たちは歓迎せず、また市民が蓄積した財産は貴族たちから見れば格好の獲物であった。この時代の重要な都市は大抵、頑丈な城壁で守られていたので、市民も市内にいる限りはまず安全だったが、商用旅行で一旦市外に出ればあたりは危険だらけで、しばしば武装集団が彼らに襲いかかっては金品をまきあげていった。市民たちは、この山賊のような連中が実はヴィレーム一世の手下であり、自分たちから奪われた財産の一部が、この偉い殿様の手にひそかに渡っていることを知っていた。もちろん市民たちも無策でいたわけではなく、時にはこの山賊どもを捕えて街の牢獄に閉じ込めたりして対抗したが、裁判になれば、有力貴族が相手では勝ち目はなかった。そして辺境伯もまた、大貴族の支援が頼りだったので、彼らの

5－2　ペルンシュテイン家の紋章

横暴を見て見ぬふりをしていた。当時のチェコやモラヴィアは事実上、このような貴族たちの天下といってもよかったが、こうした傾向にさらに拍車をかけたのがフス派戦争である。

フス派の大物貴族

コンスタンツの公会議でフスが理由もないまま投獄された時、ヴィレーム一世はドイツ王ジクムントとともにその解放を強く要求した。そして、コンスタンツに送られた、フスの処刑に抗議する文書では、その作成者である大勢の貴族たちの名前のうち、筆頭から二番目にヴィレームの名前があった。

なぜヴィレームのような位の高い貴族が率先してフスを支持したのか、その本当のところはわからない。教会を正しい姿に戻そうとする真摯な運動に心を動かされたということもありえなくはないが、ヴィレームら貴族たちの行動もまた、フスのような立場の人々から見たならば大いに問題があったはずである。それよりも、教会は財産を持つべきではなく、現世のことは世俗の権力に委ねるべきだという主張に、わが意を得たと見る方が自然だろう。さらに、フスが公会議によって処刑されたことが、チェコやモラヴィアの政界を代表する一人として許せなかったのも確かだと思われる。

もっとも、フス派戦争の頃のヴィレームはすでに高齢だったらしく、戦闘に参加したのは主にその息子ヤン一世であった。フス派貴族としてのヤンの活躍はめざましく、カトリック教会が送り込んでくる軍隊に果敢に立ち向かって軍功をあげたほか、一四二九年から三〇年にかけては、チェコのフス派連合軍に加わってドイツのザクセン地方まで遠征した。そして戦利品をプラハで同志たちと山分けし、これを車に積んで意気揚々とペルンシュテイン城まで凱旋している。

しかしフス派戦争時代の貴族たちの行動は、そうした華麗な武勇伝になるようなものばかりではない。彼らは、君主の権力が大きく失墜したこの時代を、勢力拡大の願ってもない好機と受け止めたのである。チェコ王やモラヴィア辺境伯の所領は守る者もなく無防備だったので、これらを自分のものにしてしまうのは容易だったし、君主が創設した教会や修道院の所領も同じであった。モラヴィアではチェコにおけるほどフス派の影響は強くなく、全体にカトリックの方が優勢であったが、社会の混乱をよいことに実力に訴えようとするのは、フス派貴族もカトリック貴族も大して変わらなかった。そして戦争後にジクムントが王位に就いた時、彼は「戦争中に生じたことについては責任を問わない」ことを約束したので、貴族たちは自分たちの戦果に満足し、安心して和解を受け入れることができたのである。

しかし戦争は終わっても、政治情勢は安定しなかった。ジクムントはチェコ王在位わずか一年で一四三七年に世を去り、しかも男子を残さなかったので、後継者選びをめぐって意見が対立したのである。結局ジクムントの娘婿にあたるハプスブルク家のアルブレヒトが王位についたが、彼もまた二年後に疫病によって死去し、その死後に生まれた息子のラジスラフもわずか一七歳で死去したために、有力な継承者はいなくなってしまった。ここでついにフス派の貴族や市民は結集し、自分たちの身内から、ポジェブラディのイジーという貴族をチェコ王に選んだ。一四五八年のことである。

いまだに異端者あつかいされることの多いフス派から国王を選ぶとは何とも大胆な話だが、この時は、フス派の信仰を守ろうという気運がそれだけ高まっていたのである。そしてペルンシュテインのヤン一世は、経験豊かなフス派貴族としてイジーの政権を支えた。

しかしペルンシュテイン家のような大貴族が権勢を保つためには、信仰よりも別のことを優先させなければならない時が徐々に迫ってくる。きっかけは、教皇がチェコ王イジーを異端と断定し、ハンガリー王マーチャーシュに対して、チェコを攻撃せよと呼びかけたことであった。マーチャーシュもまた貴族の出身でありながら国王に選ばれた人物であったが、オーストリアやチェコに対して強い政治的野心を抱いており、教皇の求めに応じてチェコに攻め込んだ。のみならず、主にカトリックからなるモラヴィアの貴族たちが、マーチャーシュをイジーに代わるチェコ王としてかつぎ出したので、この紛争は二人のチェコ王が一進一退を繰り返す泥沼の戦いとなったのである。

老練なフス派の武将ヤンはこの戦争でも活躍したが、一四七〇年頃にはさすがに衰えを見せ、歴史の表舞台から姿を消していく。その後を継いで一族を率いたのが、ペルンシュテイン家の最盛期を築く人物、ヴィレーム二世である。

ヴィレーム二世の決断

ヤンの次男ヴィレームの生まれは一四三八年頃と推定され、父が引退した時点で、すでに政治的にも軍事的にも十分な経験を身につけていたはずである。この頃チェコでは、一四七一年に急死したイジーの後継者として、ポーランド王カジミエシュ四世の息子ヴワディスワフ（ハプスブルク家のラジスラフの甥にあたる）が王に選ばれていた。ヤゲウォ朝時代（一四七一～一五二六）の始まりである。ヴワディスワフ自身はカトリックだったが、フス派に対しては有和的な人物とみなされていた。

ヴィレームはもちろんフス派貴族としてヤゲウォ朝を支援したが、一族を率いるようになって間もなく、重大な決断を迫られることになる。兄のジクムントが敵方に捕えられてしまい、釈放の見返りに味方につくようにマーチャーシュから求められたのである。敵方の重要人物を人質にとって高額な身代金を要求するのは、戦国の世の常套手段で、ペルンシュテイン家もしばしばこの方法で暴利をむさぼってきたが、今回は自分たちがこの罠にはまったのであった。肉親の生命と引き換えとあらばやむを得ず、ヴィレームはこの要求を受け入れてハンガリー側についた。一四七二年のことである。ヴワディスワフはあれこれ手を尽くしてヴィレームを引き戻そうとしたが、うまくいかなかった。

しかし、ここでハンガリー王の陣営に加わったことで、ペルンシュテイン家の運命は大きく開けていく。マーチャーシュを支持していた多数のモラヴィア貴族との関係が深められ、またブダ(現在のハンガリーの首都ブダペストの一部)にあるハンガリー王の宮廷ともつながりができたのである。さらにヴィレームは、リブリツェのヨハンカという裕福な女性と結婚して多額の資金を手に入れ、これをもとにしてモラヴィア各地の所領を買い集めていった。結果から見れば、彼の決断はみごとな成果をもたらした。一四七〇年代末にヴワディスワフとマーチャーシュの間に和解が成立し、チェコ王の地位を二人が分担しあうことが決まった時、ヴィレームはどちらからも頼られるモラヴィアの実力者として、政界の大立者の一人となったのである。

ヴィレームの英断はさらに続く。一四九〇年四月六日にハンガリー王兼チェコ王マーチャーシュが死去すると、そのわずか二日後にカトリックに改宗したのである。今までは、軍人としてマーチャーシュを支援していただけなので信仰までは変えていなかったが、この時ついにフス派を離れたのであった。おそらく、モラヴィアやハンガリーの貴族との関係を一層密にするためであったと考えられる。他のカトリック勢力や、さらにはローマ教会との関係を改善するという目的もあったかもしれない。信仰こそ第一という立場から見れば、彼の行動は許せない裏切りに見えたであろう。しかしすでにこの時代の大貴族にとっては、信仰よりも政治の方が重要であった。そしてこの時ヴィレームが掲げた目標は、自分が支持するチェコ王ヴワディスワフを、男子を残さずに死去したマーチャーシュの後継者としてハンガリー王位に就けることであった。

もともとハンガリー貴族の間でも、専制的な性格の強いマーチャーシュに対しては一部で不満があり、妥協的な人物との評判のあるヴワディスワフを後任として望む声はあがっていた。もしもこれが実現し、チェコとハンガリーを彼が一人で統治することになれば、早くからこの国王との関係を深めてきたペルンシュテイン家にとってこれほど好都合なことはない。そしてこのヴィレームの思惑もみごとに的中した。めでたくハンガリー王に当選したヴワディスワフは、一四九〇年九月にハンガリー王ウラースロー二世として戴冠式をあげると、ただちに功労者の一人ヴィレームに多大な恩賞をもって報いたのである。

大領主への道

まずヴワディスワフはヴィレームをチェコ王国の宮内卿という要職に任命し、さらにプラハ東方にある鉱山都市クトナー・ホラの造幣局の管理を委ねた。これだけでも多額の定期的な収入が期待できる。

次に所領であるが、チェコ王室は当時あまり財政的に余裕がなく、褒美として家臣に与える土地などはほとんどなかったので、論功行賞もかなり手の込んだ方式で行なわれている。ここでヴィレームに対して用いられたのが、抵当に入っている国王の所領を買い戻す権利を与えるという方法である。慢性的な資金不足に悩まされていた中世の国王たちは、しばしば、融資の代償に王室の土地を貴族や修道院、時には市民に抵当に出していた。これを国王に代わって買い戻せば、結果として国王の所領が自分のものとなる。

領地を広げる方法はほかにもいくつかあった。たとえば、国王から封土として委ねられていた土地を、世襲領に変更してもらうのもその一例である。封土ならば最終的には国王に所有権があるが、世襲領ならば完全に自分の財産である。さらに独特な方法としては、かつてチェコ王やモラヴィア辺境伯が創設した修道院の所領を抵当として獲得するというものがある。実はその修道院は戦争などですでに消滅しており、その所領は誰にも返還する必要がないので自分のものになる、という具合である。モラヴィアのチシュノフ修道院の所領は、この方法でペルンシュテイン家のものになった。

中世の終わり頃のチェコやモラヴィアでは、こうした方法で王室領の多くが大貴族のものになっていった。もちろんこのように国王の領地をわがものにするのとは別に、貴族同士の政略結婚もしばしば行なわれた。特に、男子継承者がなくて断絶しそうな家が見つかると、彼らは積極的に息子たちを結婚相手として送り込み、相続権を獲得して広大な所領を一挙に手に入れた。ペルンシュテイン家はこれらの方法を駆使し、一五世紀末にはチェコとモラヴィアでいかなる貴族も及ばない権勢を手にしたのである。

さらにもう一つ、この頃のチェコやモラヴィアの貴族には好都合なことがあった。ヴワディスワフはハンガリー王に当選して以来、ブダの宮廷で過ごすことが多くなり、チェコやモラヴィアにはほとんど来なくなったのである。国王側には、この頃ハンガリー南部の国境を脅かしていたオスマン帝国に対する防衛をおろそかにしてはならないという理由があったのだが、貴族にしてみれば、政治の全権をほぼ任されたようなものであった。もはや、ペルンシュテイン家のような大貴族の権勢の前に立ちふさがる者は事実上いなかった。

パルドゥビツェの大殿様

こうして権力の頂点に立ったヴィレーム二世は、チェコ東部、ラベ河畔のパルドゥビツェに城を建てて新しい拠点とした。ペルンシュテイン城のような山間の要塞は、居住環境もよくないし、広大な所領の支配には不向きだったのである。新しい城は、大砲による攻撃にも耐えられるような頑丈な防壁と堀によって守られ、住居としての館のほかに地下の倉庫や食糧貯蔵庫もきちんと整備された。もちろん平和な時には、宮内卿ヴィレームのもとに多くの貴族や政治家が訪れ、華やかな社交の世界が繰り広げられた。

パルドゥビツェの市街地も新たに整備され、広場に面して立派な家々が立ち並び、市街地のまわりは頑丈な城壁で囲まれた。ヴィレームは、この街が自分の城下町にふさわしいものになるように相当気を遣ったらしく、行政規定まで作成している。市民には、自分の家の前の街路を定期的に掃除するように命令し、違反者には罰金が科せられた。また、市内は静穏が保たれねばならず、夜間の集会や宴会は禁止されている。もちろん、城主の客としてやってくる貴人や要人は例外であった。

ヴィレームは、カトリックに改宗していたにもかかわらず、フス派が多いこの街の住民に対して非常に寛容であった。すでに見たように、彼にとっては政治の方が信仰よりも大切なのであって、宗教を原因とするもめごとは、自分の領地では起こってはならなかった。これはペルンシュテイン家だけでなく当時のチェコやモラヴィアの大貴族一般にみられた特徴であり、他の国ならば異端視されたであろう同胞団のような急進フス派も、彼らの領地では迫害されずにすんだ。もちろんこれは、彼ら領主たちが進歩的だったためというより、政治的秩序の維持を最優先させ、いわば実利を追求した結果とみるべきであろう。

実利優先という原則は、ヴィレームの所領経営にも表われている。当時のある年代記によると、彼は「ワインやその他こまごました品々を売るようになり、市民の商売を邪魔するようになった」という。もともと貴族は戦うことと支配することが役割で、物を生産したり売ったりするのは高貴な人間にはふさわしくなかったはずなのだが、中世の終わり頃には彼らの意識にも変化が生じ始める。ヴィレームは、武器や簡単な織物など自分の領地で生産できるものは自給する方針を決め、よその都市の市民が製品を持ち込んで販売するのを禁止した。ビールの醸造にも力を入れており、庶民に欠かせないこの飲み物の販売市場をめぐって各地の都市と対立している。また、モラヴィア南部の領地で生産される良質のワインもチェコまで運ばれてきて売られ、魅力的な収入源となった。

しかしヴィレームの時代に最も高い収益をあげたのは何といっても漁業である。海のないチェコでは、古くから池で鯉を養殖して貴重な栄養源としていたのだが、ペルンシュテイン家のような広大な所領を持つ貴族が現れると、運河を掘って河川から水を引き、大規模な養魚池を造ることができるようになった。現在ではチェコ南部の養鯉業が有名だが、一六世紀には東部のパルドゥビツェ周辺も漁業の一大中心地であった。専門の技術者を招いてヴィレームが造らせた池のうち、大きいものは面積が一〇〇〇ヘクタールを超え、数万匹の鯉が養殖されていたという。これらの多くは、後の時代に農地あるいは工業用地として埋め立てられてしまい、現在は一部が残っているにすぎない。しかし伝統産業としての養鯉業、そしてクリスマスの特別料理として鯉を食べる習慣は、現在のチェコでも健在である。

こうしてヴィレーム二世は政治的にも経済的にもペルンシュテイン家の黄金時代を築き上げ、それは同時にチェコとモラヴィアの貴族政治の最盛期でもあった。彼は自分が築いたパルドゥビツェの城で、一五二一年四月八日、八〇年を超える生涯を静かに閉じた。そしてこの頃、大貴族をとりまく環境も、少しずつだが変化していく。

宗教改革の波紋

ヴィレームはヤン二世とヴォイチェフという二人の息子を残し、兄のヤンにはモラヴィアの所領を、弟のヴォイチェフにはチェコの所領を継がせた。二人は領地をさらに広げ、一族の権勢を維持するのにほぼ成功したといってよい。また、二人は父の死後、理由は不明ながらフス派に改宗しているが、父と同様、宗教的信念だけで動く人物ではなかった。

しかし彼らの時代のチェコとモラヴィアは、いくつもの重大な事件に見舞われている。ヴワディスワフの死後、息子のルドヴィークがその後を継いでチェコとハンガリーの王になっていたが、彼は一五二六年、ハンガリー南部のモハーチでオスマン帝国軍との戦いに敗れて命を落とし、ヤゲウォ朝が断絶したのである。こうしてまたもやチェコ王選挙が行なわれることになったが、この時の候補にはヴォイチェフの名もあがっている。しかし、かつてのイジーの時と違い、もはやフス派が結集して身内から国王を選ぶような時代ではないことは、ヴォイチェフ自身がよく知っていた。多数の候補の中から、最終的にチェコの貴族や市民の代表が自分たちの国王に選んだのは、オーストリアを治めるハプスブルク家のフェルディナントであった。フェルディナントはハンガリー王にも選ばれたので、オーストリア、チェコ、ハンガリーを中核とする「ハプスブルク帝国」の原型がここに姿を現すことになる。

オーストリア系ハプスブルク家系図
（数字は特にことわりがない限り皇帝在位期間を示す）

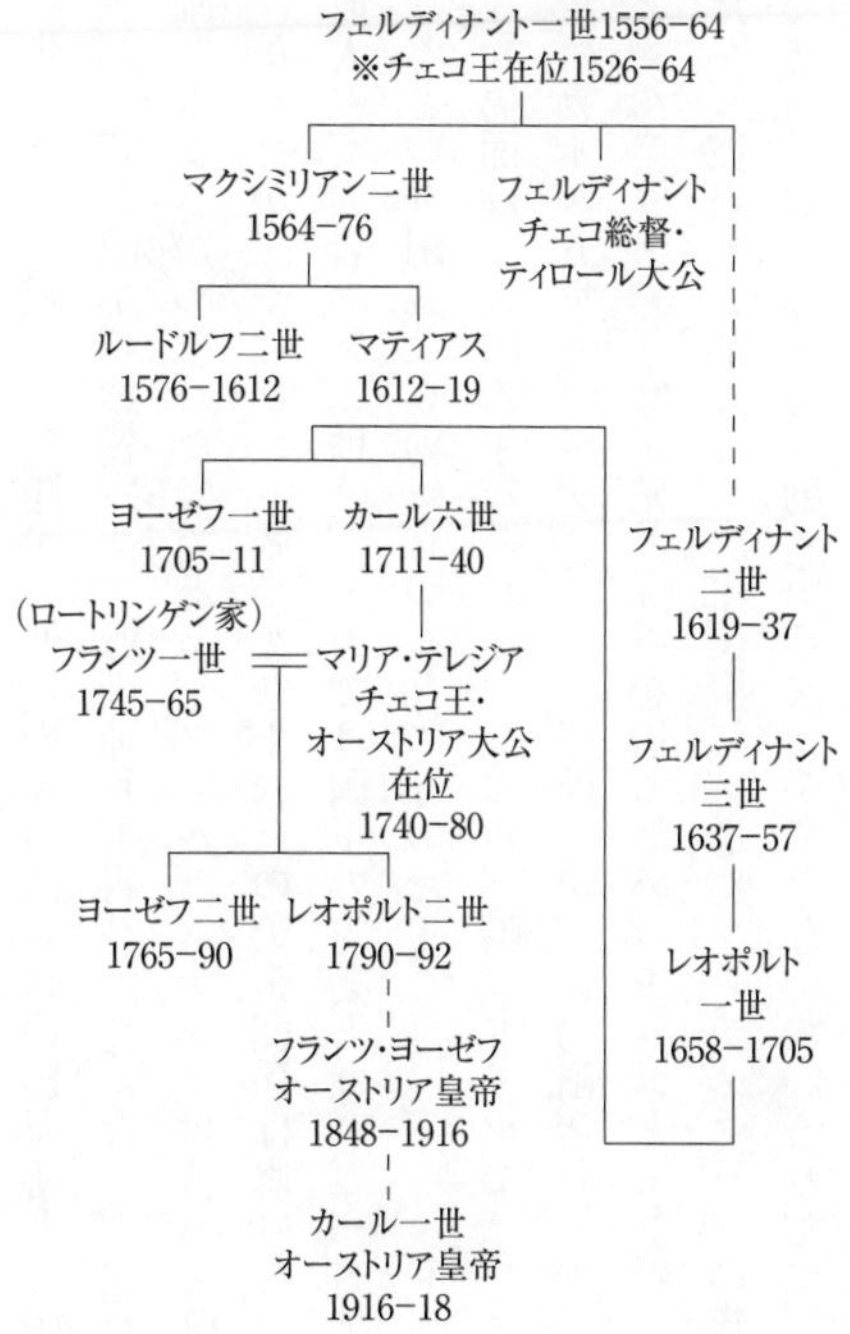

　ペルンシュテイン家の二兄弟は基本的にはこの国王を支持したが、この頃チェコやモラヴ

ィアに生じていた重大な問題が、彼らの周辺にも暗い影を落とし始める。ドイツやスイスなどで生じた宗教改革の影響でフス派の運動も再び活発になり、またドイツ系住民の間にはルター派も広まり始めていたのである。フェルディナントは決して強引な宗教政策をとる国王ではなかったが、やはりフス派やルター派との緊張関係は避けられなかった。そしてモラヴィア最大の実力者ヤン二世は、一方では国王の支えとなり、一方ではルター派やフス派の総帥になるという困難な立場に立つことになった。

重大な局面は一五四六年に訪れる。この年、隣のドイツでは、フェルディナントの兄にあたる皇帝カール五世とプロテスタント諸侯とが、武力衝突の一歩手前という状態になっていた。フェルディナントは、兄に援軍を送るため、チェコとモラヴィアの貴族や市民に招集をかけたが、彼らの大部分はこれに反撥し、逆にプロテスタントの叛乱に合流する構えを見せたのである。しかし実力行動に出る決断ができないでいるうちに、一五四七年四月、ドイツのプロテスタント軍大敗の知らせが届き、彼らの叛乱も未発のうちに総崩れとなった。形の上だけこの叛乱に名前を連ねていたヤンは、この後、国王に対して必死に和解を呼びかけ、国王も結果としては貴族に対しては寛大な処置で臨んだ。しかしプラハなど叛乱に加わった都市には、領地の没収や自治の縮小などの厳重な処分が課せられている。

ヤンは自分の行動にどこまで納得していただろうか。おそらく、国王との対決を避けることが、ペルンシュテイン家にとっても、またチェコやモラヴィア全体にとっても一番大切なのだと自分に言い聞かせていたと想像したい。しかしそうした調停者の役割もこれが最後で、翌一五四八年九月、彼は六一年の生涯を閉じた。

一方、弟のヴォイチェフは、チェコ王国の宮内卿の地位を父から引き継ぎ、フェルディナントを支えた。時には、国王がオスマン帝国との戦争に多額の資金をつぎ込んでおきながら見るべき戦果をあげていないとして批判するなど、かなり大胆なところも見せている。また、パルドゥビツェの城をルネサンス風に改造した人物としても知られるが、兄よりも早く一五三四年に四三歳で世を去った。

ペルンシュテイン家の落日

この二兄弟の死後、わずか一〇〇年でペルンシュテイン家は没落していく。一時は国王の存在さえかすんでしまうほどの栄華を誇った一族が、表舞台を退いていき、やがて消えていく過程は、運命の移ろいやすさを目の当たりにするかのようで、いかにも寂しい。しかしそれは、時代の変遷とともに主役が交代していく必然的な流れでもあった。

変化の徴候は、まず一族を襲った急激な財政危機に現れた。ヤゲウォ家の国王たちと比べると、ハプスブルク家の国王たちはずっと堅実で、貴族たちが忠誠を尽くしても、前ほどの見返りは期待できなくなっていた。

しかし財政悪化の直接の原因は金融政策の変化であった。一五四三年にチェコ議会は、金利の上限を一〇パーセントから六パーセントへと下げる決定を下していた。借金の返済に悩む貴族たちを救済する策であったが、ペルンシュテイン家のような最大級の貴族にとってこれはかえって痛手であった。彼らはこの頃、広大な所領を基礎とする信用をもとに多額の融資を受け、これでさらに領地を買い集めて収入を増やすという方法を繰り返しており、借財の大きさは並みの貴族の比ではなかった。新たな貸し手が見つからなければたちまち危機に陥ることを承知でそうした手段をとってきたのだが、金利が下がったために融資のあてが減ってしまい、当面の借金の返済さえままならない状態になったのである。そうなれば、所領を売却するか抵当に出すしか手段がなくなる。これは一族の信用を大きく失墜させ、さらに財政を悪化させるという悪循環を招いた。こうして一五五〇年代から一族の領地は目に見えて減り始めた。本拠のパルドゥビツェが早くも一五六〇年に国王フェルディナントによって買い取られたほか、一五九〇年代になると、一族発祥の地ペルンシュテインの領地も、次々に切り売りされて失われていった。

貴族の生活スタイルもこの頃ゆっくりした変化を迎えていた。ヨーロッパ各地を支配する盟主ハプスブルク家の地位が定着するにつれて、大貴族たちが自分の領地に城を構えて君臨する群雄割拠の時代は少しずつ過ぎ去っていった。むしろ、プラハやウィーンの王宮を生活の場として国王に直接仕えることこそ、貴族にとって最大の名誉と考えられるようになったのである。ヤン二世の子ヴラチスラフのように、少年時代から宮廷に出仕し、王族の側近としてスペインやイングランドまで旅してまわった人物もいる。当然、所領の管理は信頼できる人物に任せなければならず、自分の領地や領民との関係は薄れていった。

そして、国王への奉仕は、しばしば軍人としての勤務という形をとった。ヴラチスラフの息子ヤンはハプスブルク家に仕えてヨーロッパ各地の戦場を転々とする生涯を送り、一五九七年、ハンガリーのジェール近郊でオスマン帝国軍の放った砲弾の直撃を受けて生涯を終えた。その息子ヴラチスラフ・エウセビウスも三十年戦争のさなかの一六三一年に、北ドイツでスウェーデン軍と戦ううちに負傷し、間もなく世を去った。そして彼の死によって、ペルンシュテイン家の男子の系統は途絶

5－3　ペルンシュテイン家のヴラチスラフ（ヤコプ・ザイゼネッガー画）

5－4　リトミシュル城。壁面のスグラフィト装飾がひときわ目を引く。城の内部には礼拝堂や劇場も完備している

えたのである。

貴族たちの残影

このように見ると、モラヴィアの最も由緒正しい一族は、権勢の頂点から破局へと一気に滑り落ちていったかのように思われるかもしれない。しかし、その間の彼らが悲惨な生活を強いられていたかというと、必ずしもそうではない。国王の宮廷での生活は、これまでのどんな貴族も経験したことのないほど華やかなものであったし、彼らが身につけたルネサンス風の教養と優雅さは人々の賛嘆のまとであった。もっとも、それを維持するのに要した莫大な出費が、一族の没落を早めたのも事実である。

それに、没落しつつあった彼らにも、新た

な社交の場はあった。一五六六年にヴラチスラフは、国王マクシミリアン二世からチェコ東部のリトミシュルの領地を抵当として獲得すると、チェコ在住のイタリア人建築家に命じてここに本格的なルネサンス風の城を建てさせた。繊細な装飾が際立つこの城は、疑いなく、現在のチェコ共和国に残る最も美しい建造物の一つであろう。また、プラハ城内にペルンシュテイン家が持っていた館は、後の所有者一族の名をとって現在ではロプコヴィツ邸と呼ばれているが、ここも彼らが最後の華やかな宮廷生活を送った場所である。

モラヴィアの山奥の一庶民から身を起こし、華麗な一時代を築き上げたペルンシュテイン家は、中世の終わりとともに再びはるかな歴史のかなたへと消えていった。しかしチェコやモラヴィアの各地に残る城や館は、彼ら大貴族こそがこの時代の主役であったことを今でも雄弁に物語っているのである。

第六章　書籍づくりに捧げた生涯

――プラハの出版業者イジー・メラントリフ

イジーク・チェルニーの学籍登録

一五三〇年代初め、すなわちパルドゥビツェの城を本拠にペルンシュテイン家が栄華の頂点にあった頃、プラハ大学に一人の青年が学籍登録をした。名をイジーク・チェルニーといい、プラハから北東へ六〇キロほどの小さな街ロジャロヴィツェで一五一一年頃生まれたと推定される。後に、アヴェンティーンのメラントリフという名でプラハ中に名を知られた出版業者となる人物だが、もちろんこの頃は、大学で学んだ後にどのような人生をめざすのか、自分でも決めていなかったに違いない。

彼が数々の書籍を世に送り出してプラハでその生涯を終えるのは一五八〇年。稀代の学芸庇護者として知られる皇帝ルードルフ二世が宮廷をウィーンからプラハへ移すのはその三年後だから、メラントリフはプラハのルネサンス文化の最も華やかな時代を知ることはなかった。メラントリフが活躍した時代のプラハは、特別に大きな事件もなく、ルードルフ二世時代の陰に隠れてしまい、普通はあまり注目されない。しかし彼の生涯には、当時のプラハやチェコがどのような問題を抱えていたか、そして市民たちがこれにどのように対処したかが、よく表われているように思われる。この章では、誇り高いプラハ市民として生き抜いたこの一人の文化人の一生をたどってみることにしよう。

一六世紀プラハの状況

しかしその前に、メラントリフが故郷の街を出て大学に入学した頃のプラハの状況、そして大学の様子を簡単に見ておかなければならない。プラハはフス派戦争で重要な役割を果たし、市民は戦場でも勇敢に戦ったが、戦争による痛手はさすがに大きかった。ドイツ系を中心とする富裕な商人は戦火を避けて市を離れ、一四世紀後半には三万五〇〇〇人を超えたといわれる人口も二万五〇〇〇人程度まで激減して、経済活動は大きく落ち込んだ。文化的にも、異端の国とみなされたチェコ全体がいわば孤立状態に陥り、イタリアに発してヨーロッパ各地に広まりつつあったルネサンス文化も、プラハにはなかなか届かなかった。それにもともと禁欲を重んじるフス派は、世俗的な文化にはあまり関心を示さなかったのである。

そして市内ではフス派とカトリックの対立がいつまでも止まず、一五二〇年代からはルター派も徐々に増えていた。これに加えて、市民は、都市の持つさまざまな政治的・経済的特権を切り崩そうとする貴族たちの圧力に対抗しなければならず、王国議会に代表を送る権利さえ、ようやく維持しているという状況であった。かつては神聖ローマ皇帝の宮廷所在地として繁栄したプラハは、一六世紀初頭には、政治問題や宗教問題に揺れるチェコという一王国の首都にすぎなくなっていたのである。

プラハ大学の事情もまた同じようなものであった。カレル四世によって創られた当初、アルプス以北の神聖ローマ帝国初の大学として名声を誇ったのもすっかり過去の話となり、フス派戦争が終わった時、活動していたのはかろうじて自由学芸学部だけだった。しかもフス派の拠点のようになっていたこの大学にカトリックの子弟は入学せず、彼らは国外の大学への留学の道を選んだ。見方によっては、一六世紀のヨーロッパ各地に現れたプロテスタント系大学の先駆けともいえるが、フス派がほとんどチェコだけの孤立した宗派である以上、国外の学者や知識人との交流は、ごく限られたものにならざるを得なかった。当然、その学問的水準も、高いとはいえないものになっていたのである。

しかし一五二〇年代以降、フス派はルター派の影響を受けてやや活気を取り戻し、プラハ大学にも、積極的にヨーロッパ各地の学者や文化人との交流を求めようとする人々が現れた。

イジーク・チェルニー、後のメラントリフはこうした大学に自分の希望で入学したわけだから、もちろん彼はプロテスタントに親近感を抱いていたはずである。

出版業者を志して

学生時代のメラントリフについては全く不明だが、自由学芸学部の学生として、ギリシア語やラテン語などの古典語や基礎的な教養を学んでいたのであろう。一五三四年に学士号を取った後のことも、やはり謎に包まれている。ドイツ各地を遊学し、おそらくルター派の本拠ヴィッテンベルクにも滞在していたのではないかと推測されるが、ここの大学に学籍登録した形跡はない。学術研究それ自体よりも、当時着実に需要が高まりつつあった出版業にこの頃から興味を抱き、その技術を身につけることに専念していたというのが最も考えられる。そして、人文主義者の好みを真似て、ギリシア語で「黒髪」を意味するメラントリフを名のるようになったのも、多分この頃だろう。

長い修行時代を経て一五四五年、ようやく彼の名が再び歴史に姿を見せる。モラヴィアのプロスチェヨフという街のある出版所で、ルター派の神学者ウルバヌス・レギウスの対話集を出版したのである。この街は、フス派でしかも宗教的には寛容なことで知られるペルンシュテインのヤン二世の治める街だから、ルター派の書籍を出すのに問題はない。しかし若きメラントリフはこの地方都市だけで満足してはいなかった。一五四六年末か四七年初め、彼は身につけた技術を頼りに一旗上げるべく、首都プラハをめざしたのである。

当時のプラハは出版業がようやく盛んになりつつあった時期で、一〇人程度の出版業者が活動していたが、メラントリフは小市街に仕事場を持っていたカトリックのネトリツキーという人物を訪ね、その協力者になった。わざわざカトリックの出版業者を選んだのは何か意図があったのかどうか不明だが、その判断が正しかったことはただちに明らかになる。

一五四七年、プラハは国王に対する貴族たちの叛乱に加わった。第五章でも述べた、プロテスタント貴族を中心とする叛乱である。貴族たちの方はほとんど戦うことなく腰砕けに終わったが、プラハは最後まで国王に抵抗し、数日間の市街戦が繰り広げられた後、七月八日ついに屈服した。国王フェルディナントは都市の叛乱に対しては厳罰をもって臨んだうえ、一〇月に発した布告でプラハの出版業者に対し「さまざまな有害な論説で、神と、帝国と、皇帝と国王に危害を加えた」との理由で、市内での居住と営業を禁じたのである。反抗を煽るパンフレットが一部で飛び交ったことを指すのであろう。ただし叛乱に加担しなかったネトリツキーの出版所だけは、例外として業務を続けることを許された。国王にしても、たとえば事務的な書類を印刷してくれる業者は必要だったのである。他の出版業者が書籍輸入業などに転じて生計を立てていくなか、ネトリツキーとメラントリフだけは、国王の顔色をうかがいながら、何とか仕事を続けることができたのであった。

国王フェルディナントの宗教政策

いわゆる「ハプスブルク帝国」の事実上の創始者ともいえる国王フェルディナントは、チェコの「再カトリック化」路線を着実に進めたことで知られるが、宗教問題には現実的な対応が必要だということをよくわきまえた君主でもあった。後の一五五五年にドイツで成立した「アウクスブルクの宗教和解」において、各領邦の君主はカトリックかルター派かどちらかを選択できることになり、臣民はそれに従うように義務づけられたが、これはドイツ国王でもあるフェルディナントの方針によるものであった。

そして彼は、この「一つの領邦に一つの宗教」の原則を、チェコでも何とか実現させようと考えており、そのために二つの目標を掲げた。一つは、一四七一年以来空位になっているプラハ大司教座に、しかるべき人物を就けること、もう一つは、フス派が基本綱領としていた、パンと葡萄酒の双方を用いる聖体拝領すなわち両形色聖餐を、ローマ教会に正式に認めさせることである。両形色聖餐は一四三六年のバーゼル公会議との協約で、チェコとモラヴィアに限って認められていたのだが、その後ローマ教皇によって再び否定されてしまい、フス派はまたもや異端の立場に戻っていたのである。右の二つが実現すれば、フス派はめでたくカトリックに吸収され、プラハ大司教のもとにチェコの宗教統一は達成されることになる。そして一五六一年にモラヴィア出身のアントン・ブルスが大司教に選ばれ、六四年にはプラハ大司教区とオロモウツ司教区において両形色聖餐が認められたことで、国王の念願は治世の晩年になってついにかなったのであった。

しかしこれが本当に現実的な解決策かどうかとなると、また別問題である。フス派の中には、両形色聖餐のような形式面では飽き足らず、内面的な信仰においてプロテスタントに接近している人々もいたし、最初からローマ教会とのつながりを絶った同胞団のような急進派も、有力貴族の保護のもとで独自の共同体をつくって生活していた。そしてもちろん、ルター派などプロテスタントの勢力もますます拡大しつつあったのである。

国王もまた、こうした事態をよくわきまえていたし、未公認のプロテスタントをいきなり弾圧するような愚は犯さなかった。その代わりに彼は、当時開催されていたトレント公会議の路線に沿って、カトリック陣営を内側から立て直そうと試みた。その一環として一五五六年にはプラハにイエズス会の修道院と学院が設立され、そこがチェコにおける再カトリック化の拠点となった。強靭な使命感を持った修道士たちによって行なわれる教育は評判となり、プラハ大学にとっては脅威であった。このイエズス会の建物は、カレル橋のすぐ近くの旧市街にあり、一八世紀まで整備拡張が進められ、現在はクレメンティヌムという名で知られている。一五六六年にはオロモウツにもイエズス会の学院が創られ、モラヴィア初の大学へと発展していった。

チェコ語版聖書の出版

話が少々メラントリフから離れてしまったので、ここで彼のプラハでの活動に注目してみることにしよう。

右のような状況のもとで、ネトリツキーとメラントリフが最も安全で確実な出版物として計画したのは、チェコ語版聖書であった。もちろん、出版禁止令が出ている中で聖書の翻訳を勝手に印刷するわけにはいかず、ネトリツキーはこのために国王から、一〇年の期限つきで、チェコにおける聖書の出版と販売に関する特許状を獲得した。おそらく一五四七年の叛乱の後間もなくのことであろう。チェコではすでに一四八八年に完訳のチェコ語版聖書が出版されており、その後も何回か版が重ねられたが、当時はすでに入手不可能になっていた。この頃の人々にとって聖書は、キリスト教の根本教義を記した聖典であるだけでなく、人生のさまざまな場面に役立つ教訓に満ちた一種の読み物としても、非常に価値の高い書物であり、確実な需要が見込まれた。

しかし、この大部の書物を全訳し、活字を組み、校訂し、印刷するとなると、その作業は大がかりである。顧客の目を引くために扉のページなどを彩色刷りにしたり、本文の中にいくつもの版画を挿絵として載せるなどの工夫も必要となる。翻訳は、メラントリフよりも一〇歳ほど年上の、オタースドルフのシクストという友人が担当した。彼はフス派に属し、一五四七年の叛乱の時にはプラハ旧市街の要職にあったため、逮捕・投獄の憂き目を見た。かろうじて厳罰は免れたものの、公職を追放され、当時は翻訳業などで生計を立てていたのである。

この聖書は一五四九年四月に完成し、売れ行きは好調だったらしい。といっても当時は専門の書籍商のようなものはなく、出版所で直接販売するか、市の立つ日に市場に持っていくか、あるいは一般の商人に一定の部数を委ねて販売してもらうのが普通であった。代金が出版業者の手元に戻ってくるには時間がかかる。特許状の期限が一〇年と設定されているのも、それを見込んでのことであろう。それでも、一五五六年には次の版の聖書を出しているところからしても、この事業は大成功だったと見てよいだろう。

こうして出版業者としての確かな腕前を証明してみせたメラントリフは、一五五二年に、すでに高齢であったネトリツキーから印刷所と書籍出版の特権とをそっくり買い取り、拠点を小市街から旧市街に移した。そして一五五四年にはアナという女性と結婚したが、半年後に彼女が亡くなったため、間もなく同じアナという名の女性と再婚した。二人の間には、三人の娘と一人の息子が生まれている。またメラントリフは、出版業以外にも、市内に織物の倉庫を構えたり、市外にブドウ畑を所有したりと経営の手を広げている。仕事が順調で、一定の財産を築いた市民としては、珍しいことではないだろう。こうして彼は、プラハの文化的発展を支える一知識人としての地位を確立していったのである。

ルネサンス都市プラハ

一六世紀も後半を迎えると、プラハもようやく、ヨーロッパの大都市にふさわしくルネサンス文化の栄える街になりつつあった。一五四一年の大火で左岸の市街地が大きな被害を被ったが、富裕な貴族たちの手で間もなく復興し、プラハ城の周辺には貴族たちの優雅な館が次々と建てられていった。一五四七年の叛乱の後の処分で政治的にも経済的にも打撃を受けた市民は、この逆境をはねのけようと努力し、貴族たちには及ばないながらも、主要な通り沿いには、当時の水準としては最も立派な邸宅が立ち並ぶようになった。プラハで最初の本格的なルネサンス風宮殿建築として知られる離宮ベルヴェデーレが国王フェルディナントによって建てられたのは、彼の死の前年、一五六三年のことである。

フェルディナントの本拠はウィーンにあり、またオスマン帝国に対する防衛のため、ハンガリー統治に時間と労力を割く必要があったので、プラハにはあまり滞在しなかったが、そ

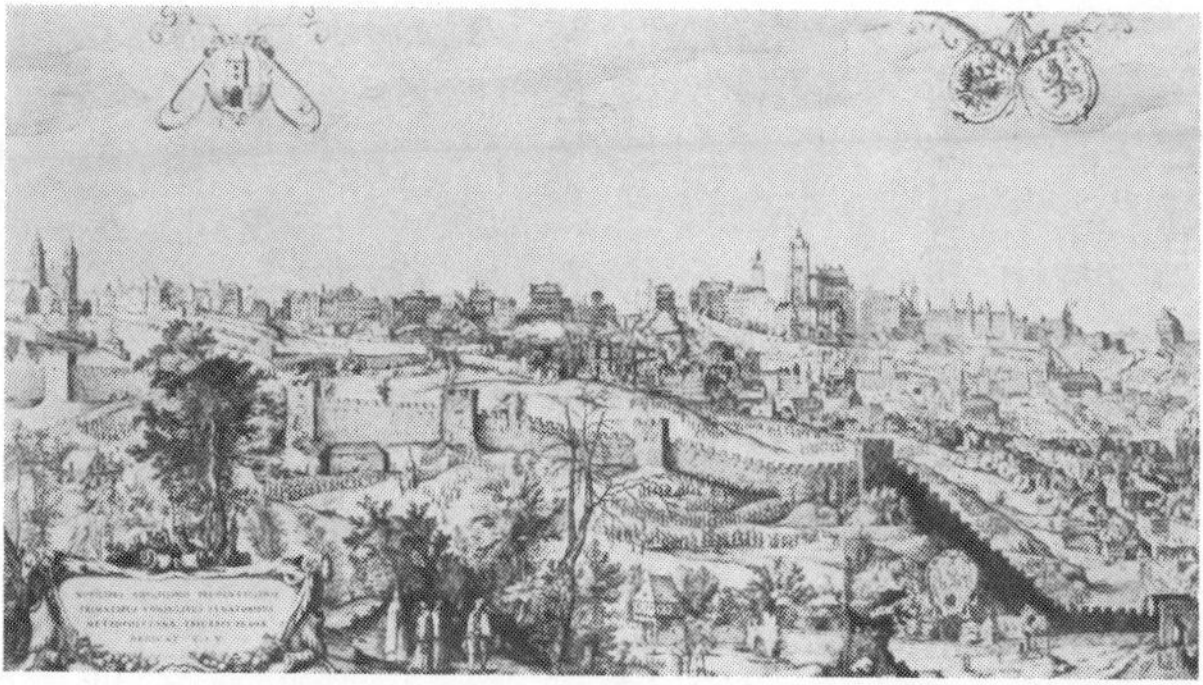

6－1　ザデラーによるプラハ景観図（1606年、部分）。**左からフラチャニ地区、プラハ城、小市街が描かれている**

の代わりに彼は同じ名前の次男をチェコ総督としてプラハに派遣した。非常に社交的で教養も豊かだったこの総督フェルディナントは、まだ二〇歳そこそこの若者であったにもかかわらず、プラハに着任するとただちに貴族や有力市民を惹きつけ、一種の文化的サークルの中心人物となった。大勢の貴族をイタリアに集団旅行させて現地の文化に触れさせたり、プラハの郊外に別荘を建てて狩猟や宴会に興じるなど、いかにもルネサンス時代らしい開放的な性格の貴公子であったらしい。

領邦裁判所副長官という地位にあったヤン・ホジェヨフスキーという貴族も、学問や芸術を保護したことで知られる。彼自身はカトリックであったが、宗派にこだわらずにプラハ大学の関係者なども含めた多彩な知識人と交流し、やはり一つの文化的サークルを形成していた。フス派からカトリックに転向したリボチャニのハーイェクという聖職者が、彼の庇護のもとで一五四一年に『チェコ年代記』を出版している。かなり想像で補った部分も多いとはいえ、当時としては可能な限り膨大な史料や文献を参照して書かれたこの歴史書は、その後長く、最も権威あるチェコ史として読みつがれることになる。

メラントリフもこのホジェヨフスキーの文化人グループの主要メンバーであった。ここでの交流は、資金の提供者を探すためにも、出版すべきテクストの入手のためにも、書籍制作の作業に関わるさまざまな協力者を得るためにも、そしてもちろん販路を確保するためにも重要であった。彼がここで知り合った人たちの中にタデアーシュ・ハーイェクがいる。当時はまだ二〇代半ばの駆け出しの学者であったが、後に高名な医師および天文学者として皇帝マクシミリアン二世やルードルフ二世に仕え、ティコ・ブラーエやヨハンネス・ケプラーをプラハに招いた人物である。

高まる書籍需要

こうして知的関心が高まったプラハでは、書籍を通じて知識、技能、教養を身につけることも当然重視されるようになっていた。聖職者以外は読み書き能力など不要とされていたのはすでに昔の話で、一定の社会的地位に就くためには、普通の市民でもラテン語能力は必須であった。主要な都市にはラテン語学校が必ずあり、メラントリフの時代にその数はチェコ全体で約六〇程度であったと思われる。また小さな都市でも教会付属学校や私的な学校で基礎的な読み書きが教えられていた。授業も、教師がテクストを読み上げて生徒がそれを暗誦するという古い方式はすたれ、生徒もなるべく手元に教本や辞書を備えて勉強するように心がけたので、こうした類の書籍をそろえておくことは出版業者にとっても重要であった。少々珍しいものとして、一五六七年にチェコ語によるドイツ語教本がメラントリフによって出版されているが、当時の学校でドイツ語を教えることはなかったので、一種の実用会話集のようにして使われたのであろう。

その他、日常生活に関わるものとして、暦や格言集なども安価だが確実に売れたし、宗教的なものでは、人気の高い聖職者による説教集や教理問答などに対する需要も高かった。普通に読むためだけでなく、一家の家長が、家族や使用人たちの前で祈りを唱えたり、道徳を説いたりする時にも役立ったからである。また実用書とは違うが、官庁での事務書類も印刷されたし、議会の決議の刊行も、出版業者にとっては定期的な収入をもたらしてくれるのでありがたい仕事であった。

ルネサンス時代に特に好まれたのは、詩人たちの作品を集めた詩文集である。国王や貴族の結婚式あるいは国王の戴冠式などに際し、文人たちが詩作の腕を競うのは当時の流行であったが、これを書籍にしたものは、文芸的香り豊かな読み物として非常に人気があったのである。もちろん、さらに手本になるものとして、古代の著作家たちの格調高いラテン語の詩文集を求める声が高かったのはいうまでもない。より高度な「専門書」も重要であった。同時代人の書いた旅行記や地理学書を通じて、アジア、アフリカ、さらにアメリカに関するおぼろげな知識がチェコでもようやく広まるようになり、また年代記を読むことで、チェコを含めた各地域にさまざまな歴史があることを人々は認識するようになった。自然科学に近いものとしては、植物学や建築学の書が、ごく一部ではあるが、実用を兼ねて読まれるようになっていった。また、歴史物語や寓話など一種の娯楽文学も当時の人々の好みのジャンルであった。

プラハの名士メラントリフ

一五四七年の叛乱直後に出された厳しい出版禁止令は徐々に緩められ、ネトリツキーやメラントリフ以外の業者にも、少しずつ出版の権利が認められるようになっていたが、プラハで最も権威のある出版業者メラントリフの評判はすでに不動の地位を獲得していた。彼は右に挙げたようなジャンルの書籍をすべて手がけている。なお、当時の書籍は、まだ表紙をつけずに仮綴のままで販売されており、必要があれば、購入した人が後から製本業者に依頼して表紙をつけてもらっていた。この製本業者は書籍販売も担当することが多く、メラントリフは六人ほどの製本業者を通じて、プラハの各市街地への販売ルートを確保していたらしい。書籍市場の動向について彼は常に細心の注意を払っており、フランクフルトの書籍見本市にも定期的に出かけていた。もちろんチェコ語の書籍はフランクフルトでは売れなかっただろうが、市場の様子を見定めるほか、活字や、挿絵に使う版画の原版、あるいはその下絵の購入などが主な目的だったらしい。

一五五六年にメラントリフは、新しい版の聖書を発行した。同じ頃、ロジュンベルク家のヴィレームの婚礼のためにメラントリフの友人たちが作った詩も出版されている。ロジュンベルク家は一三世紀にさかのぼる古い家柄の貴族であり、チェコ南部に広大な所領を持っていた。ヴルタヴァ川上流にあり、チェコで最も美しい街ともいわれるチェスキー・クルムロフも、この頃にはロジュンベルク家の拠点のひとつであった。ヴィレームは一五六〇年に

6－2　イジー・メラントリフの紋章。松明は、知識という光で世界を照らすことを暗示しているのであろう

は財務卿、七〇年にはプラハ城伯という、貴族としては最高の地位に就いている。彼自身はカトリックの信仰を堅持したが、宗教的にはやはり寛容で、結婚相手のカタリーナはドイツのルター派の大貴族ブラウンシュヴァイク侯家の出身であった。メラントリフはこうした有力貴族の保護を得ることで、厳しい検閲を免れ、ルター派の書籍の出版などもできるように取り計らってもらっていたらしい。

翌五七年には、メラントリフは国王から紋章の使用を許可され、さらに「アヴェンティーン」の名を賜った。紋章は、盾を斜めの線で二分し、上には百合の花を、下には松明《たいまつ》をかかげた顎鬚《あごひげ》の男性像を描いたもので、男性はどうやらメラントリフ自身かと思われる。またアヴェンティーンとは、ローマの七つの丘の一つアヴェンティーヌスのことで、ローマで最初の公共図書館があったといわれる場所である。

こうして名実ともに都市貴族の仲間入りをしたメラントリフは、次の年にはプラハ旧市街の市参事会のメンバーとなった。参事会とは、一二名あるいは一八名で構成される市の最高統治機関で、市政に関わるさまざまな決定を下すほか、公式の場面で市を代表する重要な役割を担っていた。市の代表が挙げた候補の中から国王自身によって選任されるが、メラントリフはこの後、一時の中断を除いて、死の前年まで合計で一六年にわたってこの要職を務めている。また一五六一年には、旧市街広場のすぐ近くにある聖ミクラーシュ教会の司祭席の横に、説教を聞く時のための指定席を妻アナのために買い取った。これも都の名士としての体面を保つには必要なことだったであろう。

そして一五六一年にはメラントリフによって、総督フェルディナントの侍医でイタリアのシエナ出身のピエトロ・アンドレア・マッティオーリの『医学書簡集』全五巻、六三年には同じ著者の『草木図鑑』が出版された。『草木図鑑』は、四四年にイタリア語版、五四年にラテン語版が出版されていたが、チェコ語版とドイツ語版の出版がメラントリフの手に委ねられたのである。ただちに売れるとは考えられないこの高額の図書の出版のため、総督フェルディナントはチェコの貴族たちに要請して多額の援助金を獲得しているので、出版の計画自体が、おそらく彼の発案によるものであろう。チェコ語訳を担当したのはタデアーシュ・ハーイェクである。内容もさることながら、多数の図版を載せた美しい仕上がりのこの図鑑は、一六世紀チェコの書籍文化の頂点に位置するといわれている。医学の参考図書としても価値は高かったが、チェコの人々はこの図鑑で、数々の異国の珍しい植物に初めて接したのであった。一方、六四年に出版された王国書記局長官ヴジェショヴィツェのヴォルフによる『チェコ王国の法と国制』には、王宮の中に設けられた裁判所の模様を描いた版画が載せられており、現在のわれわれにとって、当時の政治の舞台を垣間見ることのできる貴重な資料となっている。

再び聖書を出版

一五六四年を境に、メラントリフの出版所から出される書籍の数は急に減り始めている。参事会員としての仕事が忙しくなったためとも考えられるが、総督フェルディナントがプラハを離れることになったことが影響しているのではないかともいわれる。一五六四年に国王フェルディナントが亡くなった後、その地位は長男マクシミリアン二世が継承することになった。チェコ総督という地位は廃止され、次男フェルディナントはティロール大公の地位を継承して、一五六七年にインスブルック近郊のアンブラスの城へ移っていったのである。マッティオーリをはじめとする数々の学者や文化人が彼とともにプラハを去ったため、メラントリフの周辺は急に寂しくなったに違いない。後にルードルフ二世に従ってプラハに来るアルチンボルドなどの芸術家たちは、この頃はまだマクシミリアンのもとでウィーンを本拠に活躍していた。

さらに一五六六年には、長年の芸術庇護者ホジェヨフスキーが亡くなり、プラハの文化人たちは集まるべき拠点を失った。もちろんプラハ大学は活動を続けていたが、フス派あるいはプロテスタントに限定された学問所という性格を維持している以上、当時の多彩な才能を集めた学芸の殿堂となるには、初めから限界があったというべきであろう。

このようにプラハの文化活動にちょっとした陰りが見えるなか、メラントリフはこれに対抗するかのように、新しい版の聖書の出版に取り組んだ。特許状はすでに一五六四年に獲得してあり、完成したのは一五七〇年である。新しい国王マクシミリアンに献呈すべく入念に準備したものらしく、図版もすべて、当時流行しつつあったマニエリスム調のものに変えられている。

この聖書は、一五七六年にルードルフ二世がチェコ王位を継承した後、扉だけ新しく印刷しなおし、新国王にあらためて献呈されたが、この過程で若干のトラブルに見舞われている。大司教ブルスが、書籍出版については大司教が完全な検閲権を持っていると主張し、これを無視するメラントリフに対して、倉庫を封印すると威嚇してきたのである。この時はメラントリフが大司教に鄭重な書簡を送って事情を説明したので事なきを得た。ブルスは決して強圧的なタイプの大司教ではなく、むしろ宗教的にも寛容な、当時の平均的な知識人だったのだが、おそらくこの小さな事件には、一五七〇年代に入ってチェコの宗教事情の風向きが少々変わったことが背景にあるのではないかと思われる。

変わりゆく宗教事情

一六世紀後半に入ってチェコは表面的には平穏で、公認・未公認の諸宗派を含めて、大きな対立を起こすことなく暮らしていたが、この現状がいつまで保たれるかは誰にもわからなかった。フス派の大部分や、ルター派などのプロテスタントは、いつかは自分たちの立場が危うくなるのではないかという潜在的な不安の中で生活していたのである。そこに登場した国王マクシミリアン二世は、プロテスタントに好意的とのうわさがあった。これを機会にフス派は、これまで孤立していた同胞団の代表も加え、ルター派の「アウクスブルクの信仰告白」に倣って「チェコの信仰告白」を作成し、一五七五年にこれを国王に提出して正式承認を求めたのである。これより三年前にフランスで、「聖バルテルミの日」に多数のプロテスタントが虐殺された事件を、彼らはもちろん知っていたであろう。この作成に加わった人物の中には、公の場での活動に戻っていたオタースドルフのシクストのほか、メラントリフの出版事業に関わっていた多くの友人たちも含まれていた。

この時マクシミリアンの本心がどうであったかは不明である。しかし彼は国王として、チェコ国内でプロテスタントの存在を公式に認めるこの文書を受け入れるわけにはいかなかった。彼はただ、「カトリックでなくても自由な信仰を妨げられることはない」ことを口頭で宣言するにとどまったのである。しかしフス派はこれを事実上の承認と解釈し、独立した教会の正式な設立に向けて体制を整えていった。プロテスタント陣営としては、いつかは踏み切らなければならない決断であったかもしれないし、これがただちにチェコの社会を大きく揺るがしたわけでもない。しかし、チェコが宗派の共存から分裂へとゆっくりと移り変わっていく一つの転換点が、ここにあったことは間違いないだろう。

晩年のメラントリフは、こうした状況を漠然とした不安の目で見つめていたのかもしれない。七〇年代に彼が出版した主要な書籍には、エラスムスやヨハン・フェルスなど、宗派の違いを超えて多くの人に受け入れられる著述家の作品が含まれている。

メラントリフは一五六七年以来、旧市街広場のすぐ近くに買い求めた邸宅に大がかりな改装を施して家族とともに住んでいた。一階が住居で仕事場は二階にあり、裏には居酒屋を作って人に貸し出していたという。この家が面する通りは、今ではメラントリフ通りと呼ばれている。一五七六年には長女アルジュビェタが、プラハ大学教授ダニエル・アダムと結婚した。後に「ヴェレスラヴィーン」という名を名のるようになるこの婿は、信条的にはカルヴァン派に近かったらしく、急進的なプロテスタントとして義父を心配させることもあったらしい。しかしメラントリフの息子イジーが若くして世を去ったため、後に出版事業を引き継いで、これをさらに発展させていった。

一五七七年にはメラントリフの妻アナが亡くなり、ベトレーム礼拝堂の墓地に葬られた。かつてフスが大勢の前で説教した場所である。そして一五八〇年一一月一九日、メラントリフも生涯を終え、同じ墓地に葬られた。順調だった自分の生涯に満足しての死であったか、チェコの将来にかすかな不安を覚えていたかは想像するしかない。しかし彼の一生は、歴史のはざまに生きた一人のプラハ市民が、時代の動きに柔軟に対応しつつ、どこまで世の中に貢献することができたかを示しているように思われる。

第七章　大学は誰のものか

――プラハ大学管轄権をめぐる大騒動

宗教紛争の再燃

一七世紀初頭、チェコは大きな転機を迎えた。長年、反目しつつも共存の道を求め続けてきたカトリックとプロテスタント諸宗派がついに衝突し、ハプスブルク家に支援されたカトリックが勝利を収めたのである。その後、ハプスブルク家は絶対的な君主権を確立し、ユダヤ教を例外として、カトリック以外の信仰は禁止された。この章では、こうして「再カトリック化」が進められていく様子を、その過程で生じたいくつかの事件を通じてたどってみたい。まず、カトリックとプロテスタントの全面対決にいたった経緯とその顚末から見ておくことにしよう。

プラハに宮廷を移した皇帝ルードルフ二世は、厳格なカトリック政策をとるスペインで育ったにもかかわらず、宗教的には寛容政策を維持した。皇帝だからといって強引な手段に訴えれば、チェコばかりか神聖ローマ帝国全体を大混乱に陥れてしまうことを予測していたのかもしれない。政治や宗教にはあまり手を触れずに学芸の振興に打ちこんだ彼を慕って、ヨーロッパ中から学者や芸術家が集まり、プラハは後期ルネサンス文化の華麗な中心地となった。それは、現実にはかなわない調和に満ちた世界を、総合的な学芸の中に求めようとする願望に満ちているようでもあった。

しかし危機はやはり迫っていた。一六〇八年、ルードルフの政策に不満を抱いた弟マティアスが、ハンガリーやモラヴィアの貴族たちを味方につけて、軍隊を率いてプラハに迫ってきたのがその発端である。その翌年、チェコのプロテスタントはこの機会を利用して、ルードルフを支持することと引き換えに、一五七五年の「チェコの信仰告白」を正式に承認することを迫り、ついにこれを勝ち取ったのであった。この際、プロテスタントは世俗的にも大幅な自治権を獲得し、彼らは教会や学校を自由に建設し、税金を徴収し、必要とあれば軍隊さえ動員することが可能になったのである。しかしこれではチェコの社会そのものが分裂したことになり、国王の統治などは意味がなくなってしまう。こうした体制が長続きするとは到底思われなかった。

果たして、一六一一年になるとルードルフの甥にあたるパッサウ司教レオポルトが、ドイツのカトリック勢力に支持されてプラハ占領を企てた。こうした事態に対処できないルードルフを、ついにチェコの貴族たちは見限った。今度はチェコ側の支持も得たマティアスは、プラハに入ってレオポルトを追放し、チェコ議会は皇帝の位はそのままにルードルフのチェコ王廃位を宣言し、マティアスを王に選んだ。しかしマティアスは兄ルードルフのような寛容政策はとらず、一六一七年にいとこのシュタイアーマルク大公フェルディナント（後の皇帝フェルディナント二世）がチェコ王の後継者と定められたのを契機に、宮廷をプラハからウィーンに移した。チェコとハプスブルク家の関係悪化は誰の目にも明らかであった。

そして一六一八年、チェコ北部のあるプロテスタントの教会がプラハ大司教ロヘリウスの手により閉鎖されたのが、大事件のきっかけとなる。五月二三日、直談判のためにプラハ城に押しかけたプロテスタントの代表たちは、行政局で政務をとっていた高官ヴィレーム・スラヴァタとヤロスラフ・マルティニツ、それに書記官一名を二階の窓から放り投げた。幸い三人とも軽い怪我ですみ、そのまま逃亡した。

チェコのプロテスタントの終焉

プロテスタント貴族たちにしても、融通のきかないカトリック貴族を少々懲らしめるくらいの気持ちだったはずであり、皇帝に叛逆するつもりはなかったであろう。しかし皇帝の側はこれを叛乱とみなし、軍事行動の準備を進めた。これに対抗してチェコのプロテスタントは執政府を作り、信仰の自由を含め、貴族や市民など諸身分の権利を最大限に認めた国制のプランを作成して、モラヴィアやハンガリーなどにも参加を呼びかけた。こうして一六一九年七月には、チェコをはじめとするいくつかの領邦からなる連合国家「ボヘミア連合」が発足し、八月にはカルヴァン派のプファルツ選挙侯フリードリヒがその国王に選ばれた。

これは、その頃新興独立国として登場していたネーデルラント共和国などがモデルになっていると考えられ、新たな政治体制模索の試みとしては興味深い。しかしその基盤はあまりに弱体であった。軍隊を組織しようにも資金が足りず、傭兵軍を維持するための重い負担は住民の反撥を招いた。国際的な支援に頼ろうにも、各地のプロテスタント諸侯は自分たちのことで手一杯であり、ハプスブルク家の仇敵であるフランスのブルボン家さえ、臣民が正統な君主に叛逆するのは容認できないという態度をとった。

こうして体制が安定しないまま、一六二〇年一一月八日、プラハ近郊の丘ビーラー・ホラで、プロテスタント軍は皇帝軍にあっけない敗北を喫し、連合国家はわずか一年で崩壊した。フリードリヒは逃亡し、前年にマティアスの後を継いだ皇帝フェルディナント二世がチェコ王位に就いた。妥協を許さぬカトリックとして名を知られた人物である。翌一六二一年六月二一日、プラハの旧市街広場で叛乱の首謀者たち二七名が処刑され、その他叛乱に加わった人々には、所領の没収や追放などの厳格な処罰が待ち受けていた。自発的に亡命の道を選んだ貴族たちも多かった。フェルディナントは、こうして主を失った所領を配下の貴族や傭兵隊長たちに与え、一六二〇年代のうちに、チェコの半分以上の領地で領主が入れ替わったといわれる。新しい領主には、ドイツやイタリアをはじめヨーロッパ各地の出身者が含まれていたが、もちろんチェコやモラヴィアで古くからハプスブルク家を支持してきた人々も多かった。

そして一六二七年、皇帝は「改訂領邦条令」を発布し、ハプスブルク家を唯一正統な君主とし、カトリックを唯一の宗教とすることを定めて、長年の政治問題と宗教問題に終止符を打ったのであった。ただしハプスブルク家にとって、これは大きな困難の序幕でしかなかった。チェコの叛乱は平定されたとはいえ、これをきっかけにドイツ全体、そして周辺諸国をも巻きこむ三十年戦争が始まり、長く厳しい戦いを強いられることになったからである。その影響はもちろんチェコにも及ぶのだが、新たに築かれた体制はもはや覆ることはなかった。

こうして一七世紀以降、チェコとモラヴィアでは、ハプスブルク家の皇帝への忠誠とカトリック教会の独占的支配を二本の柱とする強固な絶対主義体制が築かれた。そのように説明する歴史書は多い。確かにこの二つが互いにしっかりと支えあい、近世のチェコとモラヴィアに安定した体制を作り上げたことは事実である。しかしそれは本当に一枚岩のような磐石の体制だったのだろうか。カトリックの勝利によって、それまでの歴史は完全に断ち切られ、全く新しい時代が始まったのだろうか。事実はそう単純ではない。特にカトリックが社会に定着していく過程には、チェコやモラヴィア特有の事情が見え隠れしている。これを、プラハ大学を舞台に起こった騒動を中心に見てみることにしよう。

瀬戸際に立ったプラハ大学

フス派の拠点でもあり、一六一八年に起きた叛乱の中枢部の一つでもあったプラハ大学は、ビーラー・ホラの敗戦によってまさに存亡の危機を迎えていた。大学が全面的に廃止されるかもしれなかったし、運よくそれは免れたにしても、大学のさまざまな特権や所領が没収され、教授たちは路頭に迷うことになるかもしれなかった。あるいはすでにヨーロッパ各地で高等教育機関を配下に収めていたイエズス会が、プラハでも大学を接収するという可能性もあった。これは、叛乱の間は亡命し、ビーラー・ホラの戦いの後ただちにプラハに戻った大司教ロヘリウスが、一二月一日に皇帝にあてた書簡の中で示していた案である。プラハ大学にとってこれは特に恐るべき事態であった。プラハのイエズス会は叛乱の時に一旦追放され、クレメンティヌムと呼ばれた建物にあるその学院はプラハ大学によって接収されていたので、彼らがどのような形でこれに報復するかわからなかったからである。教授たちは、ウィーンにいる皇帝や、プラハで皇帝の全権代理を務める総督、リヒテンシュテインのカレルなどに嘆願の書類を送り続けた。しかし皇帝は、大学が叛乱の拠点であっただけでなく、同胞団やカルヴァン派なども優遇していたことを指摘して、激しく非難した。

一六二一年に処刑された叛乱指導者の中には、前年までプラハ大学総長を務めていたヤン・イェセニウスも含まれていた。彼はシレジアのヴロツワフに生まれ、ヴィッテンベルク、ライプツィヒ、パドヴァなどで学んだ後、医学、哲学その他多くの分野で偉大な業績を残した高名な学者である。しかし一六一七年秋に総長に就任してからは、ハプスブルク家やイエズス会を攻撃する言論をさかんに展開し、また、執政府の代表としてハンガリーを訪れたり、トランシルヴァニア公のもとへ軍事支援の要請に赴いたりしていた。学者でありながらこうした政治活動に身を投じたことが、厳しくとがめられたのである。

叛乱を鎮圧した当初、皇帝は、二〇〇年もの間フス派の拠点であったプラハ大学を完全に廃止することも考えていたらしい。しかし皇帝の顧問でイエズス会士でもあるラモルマンは、イエズス会の管理のもとで大学を改革し、将来を担う若者に適切な教育を施すことでチェコを再びカトリックの国にする方が、はるかに効果的であると熱心に説いた。結局は皇帝も、この三世紀近い伝統のある大学の廃止には踏みきることができず、一六二二年二月一五日にハンガリーのショプロンで開かれた枢密顧問会議で、プラハ大学とクレメンティヌムを統合する正式な方針を固めたのであった。

イエズス会とプラハ大司教の対立

もちろん、まず大学には厳正な処分が下されなければならない。三月五日、総督は大学の中心となる施設の一つであるカロリヌムにマギステルたちを集め、大学の特権を記した文書を提出させてその再審査に着手し、マギステルたちには大学内にとどまることを禁じた。とはいえ、マギステルたちをすべて追放してしまうわけにもいかないので、彼らには、カトリックに改宗することを条件に大学での活動を許されるという選択肢は残されていた。しかしこの時の総長ハギオコラヌスを含めた多くのマギステルは改宗を拒否し、ハギオコラヌスは翌年、亡命先で死去した。

そして一一月には、いよいよイエズス会が大学の吸収合併に乗り出した。ここで彼らが示したプランによれば、統合後の大学は、神学部、法学部、医学部、哲学部に、言語学部を加えた五学部によって構成される。言語学部は、上級の学部に進む前段階として古典語などを習得するための学部であって、一種の教養課程のようなものと考えてよいかもしれない。上級の学部のうち、神学部と哲学部はイエズス会の完全な管轄のもとに置かれる。総長は、これまでマギステル全体の中から選出されていたが、今後はクレメンティヌムで、すなわちイエズス会士の中から選ばれる。また大学の公式の代表者である学監の地位には、これまでプラハ大司教が就くことになっていたが、今後はこれもイエズス会士によって占められることになった。つまり、大学はすべて、イエズス会の統率下に置かれたわけである。こうした新しい体制で、プラハ大学は新しく活動を始めることになった。すでに抵抗の手段を失っていた大学のマギステルたちは、これに従う以外になかった。

ところが、意外なことにカトリックの内部から、この統合に対する反対の声があがった。

7－1　クレメンティヌムの天文塔

プラハ大学を創設したカレル四世の特許状はいまだに有効なはずであり、学監の地位は当然プラハ大司教のものでなければならないというわけである。まず、大司教ロヘリウスや、彼に近い立場の修道士たちがこう述べて、イエズス会の行動に不快感を示した。そして一六二三年に ロヘリウスの後任として大司教となったアルノシュト・ヴォイチェフ・ハラハは、より厳しくイエズス会批判を展開した。

この対立は、単に大学の管轄権をめぐる議論であるだけではなく、チェコの再カトリック化の主導権を誰が握るのかという、より大きな問題にも関わっていた。さらにその背景には、対抗宗教改革の尖兵として強力な権限を委ねられたイエズス会と、既存の修道会との間に生じていた深い反目があり、たとえば検閲の権利を誰が行使するかなどをめぐって、カトリックの内部でも深刻な対立が生じていたのである。

新任の大司教ハラハは、一五九八年にウィーンに生まれ、チェコ各地のイエズス会の学院やローマで学んだ人物であるが、聖職者としてはイエズス会と一線を画する立場をとった。一六二六年に皇帝に提出した文書で「目的は異端を滅ぼすことであり、異端者を滅ぼすことではありません」と述べているように、地道で穏健な方法で再カトリック化を進めるべきだという意見の持ち主であったらしい。改宗か亡命かの二者択一を迫るような方法では、本当の効果をあげることはできないと考えていたのであろう。一六六七年に死去するまでの長期間、大司教の職務を務めあげ、その間一六五五年にはチェコ北部のリトムニェジツェに、六四年にはチェコ東部のフラデツ・クラーロヴェーに司教座を新設した。またチェコに多くの教区教会をつくり、聖職者の不足を補うために新しい修道会をチェコに招くなど、近世のチェコにカトリックを根付かせるのに大きく貢献した人物である。

教皇庁への提訴

プラハ大学をめぐる論争は、そもそもこの大学はどのような組織であったのかという込み入った議論に発展した。イエズス会によれば、大学は一三四八年のカレル四世の勅書で創設されており、したがって皇帝の権限のもとにあるので、皇帝の指示があればその組織も変更できることになる。しかし大司教は、カレル四世の勅書に先立つ一三四七年に、教皇クレメンス六世がプラハに大学を創る趣旨の勅書を作成しているので、大学は教会付属の機関であり、世俗権力がこれに介入することはできないと主張した。しかしイエズス会は、教皇の文書はカレル四世に対して事前の承認を与えたものにすぎないと反論し、一六二四年には新しい「大学創設の勅書」を自ら作成して、その承認を皇帝に求めた。

ハラハは、原則論でいつまでも論争していても意味がないと判断した。彼はイエズス会士から、プラハ大学の卒業生に学位を授与する権利を奪い、皇帝に対してさえ、新しい勅書を承認するならば破門すると警告したのである。大司教側は、今回のプラハ大学に対する処分それ自体を不当とみなしていたらしく、大学の自治を守ろうとしていたともみなされる。そのため、彼らは考えられる限りの論拠を持ち出して論陣を張った。フス派の大学であったとはいっても大学全体が異端の罪を犯したわけではなく、異端者が大学を乗っ取っただけである、あるいは、大学はチェコ国民だけのために創られたのではないのだから、チェコ人の反抗を理由に大学全体を罰するのは不当である、といった具合である。さらには、カトリックの尖兵として教皇に絶対服従の義務があるはずのイエズス会士が、教皇の創った大学に勝手な変更を加えるとは何事かといって非難した。予期せぬ反撃に直面したラモルマンは、大学を吸収するよりもむしろこれを一度完全に解体し、クレメンティヌムの中に法学部と医学部を新設した方がよいと思い始めていたらしい。

一六二四年一一月、この問題の検討のために教皇使節カルロ・カラファがチェコを訪れ、その出席のもとで、イエズス会のチェコ管区長、大司教、そして皇帝の全権使節が会談した。ここで大司教は、異端の罪を犯した大学を廃止することに同意し、その承認を教皇に求めるという戦術に出た。もちろん教皇がこれを認めるはずはなく、大司教のねらいは、いずれの側が正しいかの判定を教皇庁に委ねることにあった。判定はすぐには下されなかったが、教皇のもとでローマに設置されていた「信仰促進委員会」は、イエズス会士による学位授与の禁止という大司教の措置を承認した。イエズス会はクレメンティヌムの卒業生にしか学位を授与することができなくなり、彼らがプラハ大学を管理するという方式は大きな障害に突き当たった。これでは、よきカトリックを育てるという当初の計画でさえ、いつになったら軌道に乗るのか、多くの人々の心に不安がよぎったであろう。

しかも、三十年戦争の帰趨さえいまだにはっきりせず、一六三〇年一一月から翌年にかけて、ザクセン軍がプラハを占領するという事態が起こり、亡命していたプロテスタントたちが一時的にプラハに帰還した。この時は将軍ヴァレンシュタインの活躍によりザクセン軍は追放されて、再び皇帝の支配が復活したが、カトリックの内部抗争もまた、何の出口も見出せないままに続くことになった。大司教はイエズス会への対抗措置として、皇帝の許可のもとに、聖職者養成を目的とした大司教付属のセミナリアを創設し、これはシトー会やプレモントレ会など大学に加わることができないでいる修道会の参加を得て、一六三五年から授業を開始した。ここには神学部と哲学部が置かれていたが、正式な大学としての認可は得られず、修道院付属学校と同等の位置づけであった。

学生が大司教を襲撃

こうして、イエズス会も大司教も手詰まりに陥り、皇帝側もよい解決策を思いつかず、ローマでの裁決さえいつまで待っても音沙汰なしという状況になると、今度は現場の教師や学生たちが不穏な動きに出始めた。プラハ市内の居酒屋では、イエズス会を支持する学生と、大司教を支持する学生とがことあるごとに衝突していたらしいが、一六三六年に大学法学部の学生とセミナリアの聖職者が起こした乱闘事件は、大司教が学生を破門するという事態にまで発展した。学生たちは憤慨し、教会の扉に貼られた破門状を破り捨て、カレル橋の近くで待ち伏せして大司教の乗った馬車を襲撃した。難を逃れた大司教は報復措置として、プラハのイエズス会士に対し、イエズス会所属の教会以外での説教を禁じると申し渡した。そして皇帝に書簡を送り、異端との戦いではドメニコ会やフランチェスコ会の方が多くの血を流してきたのに、なぜイエズス会ばかりが優遇されるのか、イエズス会こそ公の秩序を乱しているではないかと訴えた。

こうしたプラハでの騒々しい紛争の報せを、皇帝フェルディナント二世はどのように思って聞いていただろうか。いつ終わるとも知れないドイツの戦争のことで手一杯だった皇帝にとっては、自分の足元で生じたほんのちょっとした厄介ごとにすぎなかっただろうか。それとも、自らが固く信を置くカトリック教会が、いかに御しがたいものであるかを痛感させられていたであろうか。プラハのことはともかくとしても、ヨーロッパ全体を相手にした政治の舞台で、彼は宗教問題の根深さを身にしみて感じていたに違いない。しかしこの皇帝は、戦争の帰趨も、プラハ大学問題の結末も見定めることなく、一六三七年に五九歳で世を去った。

後を継いだフェルディナント三世は、プロテスタント排除を旗印に掲げて三十年戦争に突入した父帝と違い、カトリックの諸勢力に大きく依存する必要がなかった分だけ、宗教問題について独力で決断を下す余裕があった。三〇〇年前のカレル四世を手本として、どのような組織にも依存しない、皇帝自身の管理のもとに立つ大学を、今一度復活させようとしたのである。彼はまず一六三八年に、法学部と医学部をイエズス会から分離させて、これを新生プラハ大学の基礎とし、自分が任命する総監のもとに置いた。

クレメンティヌムだけに限定されてしまったイエズス会は、この措置に不満であっただろう。しかし大司教から見ても、これは学監の権限と大学の自治を無視した越権行為である。大学を教皇庁のものとみなすローマ側も大司教の立場を支援し、教皇ウルバヌス八世は、大司教のセミナリアを正式な大学に格上げした。つまりプラハには、皇帝のプラハ大学、イエズス会のクレメンティヌム、大司教のセミナリアという三つの大学ができたことになる。いくら大都市とはいえ、これでは多すぎる。皇帝は逆にプラハ大司教の行動を君主権の侵害とみなしてセミナリアの閉鎖を通告し、一六四一年には軍隊まで動員してその建物を封鎖した。そして自ら「大学問題検討委員会」を創って解決策を検討させ、いつまでも教皇庁の決定を待ち続ける意思がないことを明らかにした。

「カール・フェルディナント大学」発足へ

こうして再び皇帝の指導力が及んでくるなか、今度は別の形で、学生や教員たちに重要な役割が回ってきた。一六四五年、スウェーデン軍が、すでにヴェストファーレンの和平交渉が始まっていたにもかかわらず、チェコに攻め込んできたのである。チェコでは、古くからの貴族たちも新しく土地を得て入ってきた貴族たちも、結集して防衛にあたったが、四八年、ついにスウェーデン軍はプラハに迫り、七月二六日に小市街とフラチャニを占領した。さらに東側からも包囲されて四周から砲弾を浴びるなか、旧市街と新市街では市民軍が必死で応戦した。首都陥落直前という状況を前に、大学関係者たちもこれまでの対立を捨てて「アカデミー軍」を組織し、カレル橋を渡って攻め込もうとする敵軍に果敢な抵抗を挑んだのであった。彼らを精神的に鼓舞したのはイエズス会士のイジー・プラヒー、戦闘隊長になったのは法学者のヨハン・ゲオルク・カウファーであった。

戦闘は容易に決着がつかなかったが、皇帝軍接近の知らせを受け、一一月一日にようやくスウェーデン軍は停戦に応じた。二九日に、カレル橋の中央に建てられた小屋で講和の文書に署名した後、スウェーデンの傭兵隊長は、プラハの学生たちの勇敢さを称えたという。スウェーデン軍は翌年九月までヴルタヴァ川の左岸にとどまった後、ようやく引き上げていったが、かつてルードルフ二世によって集められた文化財や芸術品の数々がこの時プラハから消えていった。こうしてチェコでも三十年戦争は終わりを告げた。

この戦闘は、プラハの大学人たちの結束をいやがうえにも高めることになり、大学側はカウファーを代表として、クレメンティヌムとの再統合を求める請願書をまとめた。皇帝もま

7－2　プラハを包囲するスウェーデン軍。この図では市の東側からの攻撃が描かれている

た、ようやく三十年戦争の重圧から解放されて自分の領国の問題に専念できるようになり、教皇庁に対して、裁定がこれ以上遅れるならばプラハ大学問題は自分が単独で解決すると通告した。皇帝が設置した委員会の討議も迅速には進まなかったが、一六五二年からウィーンとレーゲンスブルクで開かれた会議で、再統合に向けての最終案がようやくまとめられた。クレメンティヌムと大学を再統合した形で新しく組織される大学は、皇帝の権限のもとに置かれるが、神学部と哲学部の教育はイエズス会士にすべて委ねられる。また大司教は再び学監として大学の最高責任者の地位に就いた。ハラハは、自分が創ったセミナリアの活動再開と、これが新しい大学に統合されること

を希望していたが、皇帝はこれを認めなかった。

こうして一六五三年三月四日、大学統合を祝う式典が旧市街のティーン教会で行なわれ、翌年、正式名称を「カール・フェルディナント大学」とするプラハ大学が新しく発足した。プラハのカトリックもまた、「三十年紛争」を経て、ようやく新しい高等教育の体制を築いたことになる。以前に比べると「皇帝の大学」の性格が一層強くなっているが、これは中世から近世へという時代の移り変わりに伴う、必然的な変化であろう。ここまでの紛争自体は、カトリック内部における権力欲むき出しのドタバタ劇といってしまえばそれまでだが、それが残した重要な成果を見逃すべきではない。ここまでの議論があったからこそ、チェコの人々の誇りであり伝統もあるプラハ大学が、宗教紛争の嵐の中で消滅することなく、新しい時代にふさわしいチェコの精神文化の支柱として生まれ変わることができたのである。

こうして、長年にわたる宗教紛争でついに勝利を収め、その体制も安定させたカトリックの聖職者や知識人たちは、自分たちは間違っていなかったという力強い確信に満たされつつ、近世のチェコやモラヴィアの精神文化を指導していくことになった。しかし一方で、カトリックを再び広めるにあたっても決して強引な手段を用いてはならず、この地域の事情をよくわきまえ、住民の自発的意思を尊重しつつ進めなければならないことは、すでに嫌というほど思い知らされていたであろう。

歴史研究に没頭するイエズス会士

では、精神文化の担い手としての確実な地位を手にしたカトリックの知識人たちは、この新しい時代を、そしてその時代の中にあるチェコやモラヴィアという国をどのように見つめていたのだろうか。この、いわゆるバロック時代の知識人たちの深遠な精神世界に迫るのは至難のわざだが、一人の人物を例に、そのほんの一端を見てみることにしたい。

大学問題がまだ予断を許さない情勢にあった一六三九年、ボフスラフ・バルビーンという若者がクレメンティヌムの哲学部に入学した。一六二一年にチェコ東部の街フラデツ・クラーロヴェーで生まれ、イエズス会の学校で徹底したカトリックの教育を受けた人物である。家は、落ちぶれた零細貴族だったらしい。幼い頃から歴史に関心を持ち、少年時代にすでにハーイェクの年代記を何度も読み返していたという。一六四二年には、神学を教えるためにチェコに来ていたスペインのイエズス会士ロドリーゴ・アリアーガに付き添ってチェコ各地を訪ねてまわり、四六年からはプラハで神学の勉強も始めた。四九年には自らイエズス会士となって、各地で宣教活動や教育にたずさわる一方、歴史関係の書籍や史料の蒐集に熱中した。そしてこの頃、チェコ各地の聖母マリアに関連する巡礼地について歴史書を執筆している。聖母や聖人たちが起こす奇跡を心から信じていたらしく、いかにも、神を中心とした世界の秩序に全幅の信頼を置いていたバロック時代らしい、熱心な神父だったであろうと想像できる。

ところが彼は一六六一年にイエズス会の決定によって教育職から外され、イエズス会のチェコ管区の歴史を執筆するという仕事を割り当てられて、チェコ各地を転々と移り住む生活に入った。教育を通じて普遍的なカトリックの信仰を広めるべき立場にしては、祖国チェコに寄せる愛着が強すぎるとみなされたのが原因ではないかという説もある。もっとも、バルビーンとしてはこの方が、より熱心に取り組める課題であったかもしれない。そして長年の研究成果をもとに『チェコ史あるいはボレスラフ地方の歴史抄録』を完成させ、一六六九年に出版されることになったが、プラハの大城伯ベルナルト・イグナーツ・マルティニツがこれを差し止めてしまった。この大城伯は、一六一八年にプラハ城の窓から投げ出されたヤロスラフ・マルティニツの息子である。バルビーンの著書が、ハプスブルク家の登位以前にさかのぼるチェコ史の伝統を強調しすぎていたのがこの差し止めの原因とみなされているが、マルティニツ一族のことがあまりよく書かれていなかったためという説もあり、はっきりしない。いずれにせよ、この著書の出版は、バルビーンの庇護者ランベルク伯らの尽力で実現する一六七七年まで待たなければならなかった。

そのほかバルビーンは、生前には刊行されなかった『スラヴの言語、特にチェコの言語の擁護』、そして晩年の大作『チェコ王国史論集』などで、独自の世界を切り開いていった。これらは、チェコの自然環境、地理、歴史、言語、そしてチェコで活躍した聖人、聖職者、君主、貴族などについての広範な知識を盛り込んだ著作で、自分が生まれ育ったチェコという国についての深い関心と愛情に満ちているといわれる。晩年はほぼプラハで生活し、『チェコ王国史論集』全体が刊行されるのを待つことなく、一六八八年に生涯を終えた。

チェコの歴史への愛着

彼が『チェコの言語の擁護』を執筆したことについては、特に説明が必要かもしれない。ハプスブルク家がチェコとモラヴィアに対する絶対的な支配を確立し、カトリックを唯一の正しい宗教と定めても、それ自体は住民の言語には何の影響もなかった。変わったのは、ドイツ語がチェコ語と同じ公用語の地位に引き上げられたことだけであり、議会の決議はなおもチェコ語とドイツ語で出版されたし、上級審の裁判所の判事になるためにはチェコ語の能力が要求

7－3　ボフスラフ・バルビーン

された。皇帝フェルディナント三世はチェコ語が堪能だったし、次のレオポルト一世も、教会でチェコ語の説教を聞き取ろうと懸命に努力していたらしい。

とはいえ、この時代にチェコ語が退潮気味であったことも事実である。ラテン語と並んでドイツ語、イタリア語、フランス語などが新たな国際語として重要になり、貴族や市民たちは、学問や教養を身につけるために、また社会で高い地位に就くために、積極的にこれらの言葉を学び、日常的にもこうした言葉を用いるようになった。だからといって彼らがチェコ人であることをやめたわけではない。仮にチェコ語が話せなくても、チェコを本拠とする人間ならばチェコ人であることには変わりはない、というのが当時の一般的な考えであった。

しかし、バルビーンを含めた一部の知識人たちは、古くから用いられてきた「スラヴ人の言葉」がこうしてしだいに尊重されなくなっていくのを、あまりに惜しいと考えたのである。それは決して外国語を嫌悪する民族感情といったものではなく、郷土に引き継がれてきた言語を失うべきではないという一種の伝統擁護の主張であり、チェコという国に確かに一つの独自な言語文化があったという意識の現れであった。

チェコの歴史的伝統への愛着を示すものとして、彼が熱心に取り組んだ分野の一つである系譜学研究も挙げることができる。当時の貴族たちの間では、自分たちの家系がプシェミスル朝時代やルクセンブルク朝時代のチェコやモラヴィアにまでさかのぼることを主張するのが、一種の流行になっていたが、バルビーンはこれを学問的に証明しようとした。たとえば大司教ハラハも、庇護者ランベルク伯も、どちらも近世になってチェコに入ってきた家柄の生まれであるにもかかわらず、バルビーンによればはるか昔のチェコ貴族の系統につながるということになっている。要するにこの研究の中身はかなり怪しいのだが、勝手な系図を捏造して一族の伝統を誇るのは、当時としては珍しいことではなかったので、バルビーンだけを批判するわけにはいかない。

郷土色あふれるカトリック

このような一種の郷土愛は、人々の意識の中では、カトリックの信仰と分かちがたく結びついていた。歴史をはるかなプシェミスル朝時代にまでさかのぼり、チェコは古くから「神聖なるカトリックの国」であったとする、独特な郷土意識が少しずつ育てられていったのである。たとえばその一環として、中世チェコやモラヴィアの幾多の聖人たちが新たに脚光を浴びることになった。一〇世紀の君主ヴァーツラフは、近世になってもなお最も崇拝された聖人であり、皇帝レオポルト一世までが、長男を「ヴェンツェル」（ヴァーツラフのドイツ語名）と名づけたほどである。もっともこの長男は夭折してしまい、「神聖ローマ皇帝ヴェンツェル二世」は実現しなかった。その他、アネシュカの列聖を求める声は一層強くなっていたし、カトリックといえるかどうか厳密には問題のあるキュリロスとメトディオスも、彼らの本拠の一つであったモラヴィアのヴェレフラトを中心に熱心に崇拝された。フス派の聖人ともいうべきヤン・フスの記憶が薄れていく一方、一四世紀の聖職者ネポムクのヤンが「ヤン・ネポムツキー」という名の殉教者として崇拝され、一七二九年には正式に列聖された。また、ビーラー・ホラにおける皇帝軍の勝利は聖母の加護のおかげであると解釈されて、戦場の傍らには小さな礼拝堂が建てられたが、一八世紀の初頭には、あらためてこの勝利を記念する「勝利の聖母マリア教会」が、その横に美しい姿を見せることになった。

自分たちの国だけが何か特別に神聖であるかのように言い立てるのは、確かに偏狭な態度でもあるし、あまり論理的でもない。そもそも、神の代理人としての教皇の絶対的権威に服すべきカトリックとしてふさわしいかどうかも疑問である。しかし近世になって広まったこうした傾向はチェコに限ったものではないし、民衆の間に従順な信仰心を植えつけるには好都合でもあった。そこで教会も、あまり逸脱しないように注意を払いつつ、この「郷土色豊かなカトリック」を、時には積極的に支持し、広めていったのである。

郷土愛にあふれたイエズス会士バルビーンは、少々異色といえば異色な存在であったかもしれない。しかし、プラハに拠点を設けてから一世紀をかけて、この街にようやくしっかりと定着したイエズス会からこのような人物が現れたのは、自然であったともいえる。そして、彼のような碩学は特別な存在だとしても、当時の社会の少なくとも上層の人たちは、ハプスブルク家の支配とカトリックの信仰を当然のこととして受け入れつつ、同時に、由緒あるチェコやモラヴィアの住民であることに誇りを抱くようになっていた。遠い祖先の代からチェコやモラヴィアに住んでいた人々も、一七世紀に新しく移り住んできた人々も、この点においてはほとんど違いはなかったのである。

第八章　大作曲家を迎えて

――モーツァルトとプラハの幸福な出会い

ハプスブルク帝国の形成

三十年戦争の戦火が止んだ後、チェコやモラヴィアでは平和な時代が長く続いた。ハプスブルク家の支配のもとで貴族たちはその地位を保証され、大小さまざまの所領を支配しつつ、安定した生活を送ることができるようになった。ヨーロッパ中を一世紀以上にわたって揺るがせた宗教紛争も一七世紀後半にはようやく過ぎ去り、ハプスブルク家が君臨する諸国では、一部の例外を除いて、カトリックが公式の宗派として定着した。こうして訪れた平和を祝うかのように、そして神が創造した偉大な世界を称えるかのように、各地できらびやかなバロック風の教会が建てられ、貴族たちも自分の邸宅をこれに劣らぬ優雅で華麗な装飾で飾り立てた。市民階級にはそれほどの余裕はなかったが、それでも可能な限りの装いを凝らした

8－1　モラフスカー・トシェボヴァー（チェコ東部）**の街並み。ほぼ正方形の広場の中心にペスト記念柱が立つ。典型的なチェコの地方都市の風景**

家々が、町々の広場や街路に面して立ち並ぶようになった。今でもチェコやモラヴィアを旅行すれば、この当時の人々の落ち着いた生活をしのばせるような景色にあちこちで出会うことができる。

もちろん、平和で豊かな暮らしばかりだったわけではない。特に農村ではしばしば生活の窮状を訴える声が聞かれた。この頃の貴族たちは、収入増のために地代を引き上げ、またヨーロッパ全体で需要の高まっている穀物の生産拡大をめざして賦役労働を強化したので、農民たちはこれに抗議し、必要に迫られれば実力に訴えたのである。最大の農民叛乱は一七七五年に起こった。チェコ北東部に発生した一揆は、急速に全土に広がり、賦役労働の廃止を訴える一万五〇〇〇人もの農民が一時はプラハにまで迫った。

しかし結局は政府が投入した軍隊の前に彼らは鎮圧され、農民たちの自力による生活改善は実現しなかった。こうした事件もあったとはいえ、大きな戦争に見舞われることのなかった一七世紀後半以降のチェコとモラヴィアは、おおむね平穏な時代を迎えていたといえる。

そしてこの時期、ハプスブルク家は新たな領土の拡大と体制の強化をめざしていく。オスマン帝国を相手に一六八三年に始められた戦争はめざましい成果をあげ、ハンガリー全土がこの王家の支配下に入ることになった。いわゆる「ハプスブルク帝国」は、領土的にはこれでほぼ完成したことになる。

しかしそれはいまだに、民族、言語、歴史、そして時には宗教も異なる多くの国々の寄せ集めであった。これをいかに統合するか、この大きな課題に挑んだのが、一七一一年に皇帝となったカール六世であった。長い間男子の継承者に恵まれなかった彼は、ハプスブルク家のあらゆる領土の不分割と、女系をも含めた継承順位を定めた文書「プラグマティシェ・ザンクツィオン(国事詔書)」を一七一三年に公布し、各国議会に承認を求めた。長女マリア・テレジアが継承者になることが明らかになるにつれ、この文書はきわめて重要な意味を持つことになったのである。これは各国の貴族身分にとっても、文書の承認と引き換えにさまざまな特権的地位を認めさせる格好の機会であったが、ハプスブルク家への忠誠を重んじるチェコの議会では、この文書は一七二〇年に大きな障害もなく承認された。君主との良好な関係こそが、自分たちの地位と平和な生活を守る最も重要な前提であるというのが、彼らの基本的な立場だったのである。

女帝マリア・テレジアによる改革

こうして太平の世を楽しんでいたチェコだが、一八世紀半ばには、久々に砲撃の音が鳴り響いた。きっかけは、一七四〇年のカール六世の死去とマリア・テレジアの即位である。女系相続を認めないバイエルン選挙侯カール・アルブレヒトはフランスと組んでこれに介入し、さらにプロイセン国王フリードリヒ二世は、相続承認の代償としてシレジアの一部の割譲を要求してきた。「オーストリア継承戦争」の始まりである。四一年一一月二六日にはバイエルン、ザクセン、フランスの連合軍がプラハを占領し、一二月、カール・アルブレヒトはチェコ王となって、チェコの諸身分も彼に忠誠を誓った。しかしまもなくオーストリア側が反撃に出て、四三年にはマリア・テレジアが王位を奪回した。この時の経験でチェコの諸身分に不信感を抱いたためか、彼女はその後一七八〇年に死去するまで三回しかプラハを訪れていない。ハンガリー貴族と親しく付き合ったのとは対照的である。戦争はなおも続き、四四年にプラハはプロイセン軍による攻撃と略奪に見舞われた。最終的に四八年に結ばれた講和条約では、プロイセンがシレジアの大部分を獲得し、チェコ王冠諸邦の重要な一部がこうして失われたのである。しかしともかくハプスブルク家は、神聖ローマ皇帝の位とチェコ王国とを守り通したのであった。

ハプスブルク家の試練はまだ続く。オーストリアがロシア、イギリス、そしてフランスと同盟関係を結んだためにプロイセンが孤立すると、フリードリヒ二世は、これを打開すべく、一七五六年にザクセンへ、そして翌年にはチェコへも攻め込んだのである。五月から六月にかけて一ヶ月以上もの間、包囲攻撃を受けたプラハは、市内の建物や近郊の農村部に大きな被害を被った。この「七年戦争」でもまた、オーストリアとプロイセンは一進一退を繰り返したが、最終的にはプロイセンのシレジア領有を確定させて終わった。

これらの戦争で諸外国、特にプロイセンの圧倒的な軍事力を見せつけられたハプスブルク帝国政府は、帝国を近代化させる必要性を痛感させられた。皇帝を頂点にして、中央政府の指令のもとに効率的に機能するシステムをただちに整えなければならない。何よりも、いつでも訓練の行き届いた常備軍を備え、統一的な行政機構を作らなければならない。そのためには税制を改革し、国家収入を確保しなければならず、さまざまな特権諸身分の権利を削らなければならない。国ごとに違った国制や行政システムも、なるべく一本化していく必要がある。

マリア・テレジアはこのために、シレジア出身のハウクヴィッツやモラヴィア出身のカウニッツなど優れた人材を登用して、積極的な改革に取り組んだ。とりわけチェコに重大な結果をもたらしたのは、一七四九年にチェコとオーストリアの行政局が統合されて、中央官庁がウィーンにまとめられたことである。すでにこの頃までに、ウィーンを中心とした帝国の統合は進められていたが、この措置でチェコの独立性はいよいよ形だけのものとなり、プラハは帝国の一地方都市にすぎない存在になっていった。

女帝はさらに、農村部からの税収を確保するために農民の賦役軽減をめざしたが、これには領主の強い抵抗があったため、思い切った改革には踏み切れなかった。一方、カトリック教会に対しては強い態度をとり、聖職者の免税特権は廃止され、カトリックの支配体制の根幹でもあったチェコのイエズス会は一七七三年に解散を命じられた。プラハの高等教育はこれまでイエズス会に大きく依存してきたので、これで教育の質は一時的に低下したとの説もある。しかし女帝の措置によりこうした「世俗化」は徐々に進展し、高等教育機関で聖職者以外の人々が職を得る機会も増えていった。

啓蒙絶対主義

強い意志を見せつつも、基本的には慎重な姿勢を崩さなかったマリア・テレジアに比べ、一七八〇年にその後を継いだ皇帝ヨーゼフ二世は非常に性急であった。改革の障害となっている領主裁判権や貴族の免税特権は廃止され、一七八一年の寛容令によって事実上の信仰の自由が認められ、さらに同じ年の農奴制廃止令によって農民は法的には自由な身分となった。チェコに関して見るならば、これらの措置はただちに大きな社会的影響を与えたわけではない。カトリックがすっかり定着したチェコで、あえてプロテスタントに改宗しようとする人々は多くなかったし、自由身分を与えられた農民も、実際には旧領主のもとで生活を続けた。むしろ、キリスト教徒とユダヤ教徒の同権が宣言されて、特定の居住区に押し込められていたユダヤ人に自由な社会的活動が認められたことの意義の方が大きかったであろう。

しかしヨーゼフの改革はさらに先へと進められた。中世以来、商工業活動を束縛してきたさまざまな規制が取り払われて、自由な経済活動が可能となり、さらに検閲制度が緩和されて、出版が自由になって多くの知識や情報が人々の間に広まるようになった。さらに一七八二年には「不要な」修道院の解散令が出されて、その財産は国家のために役立てられることになった。これにより、プラハだけでも一七の男子修道院、六つの女子修道院、三五の教会、そして教会の経営する五つの病院が閉鎖された。これは周辺住民にとってはむしろ迷惑で、特に、修道院のために必要なものを生産して生活していた人々は仕事にあぶれる結果となった。利益を上げたのは、教会や修道院の財産売却を担当した骨董商やユダヤ人の古物商だったという。

さらにヨーゼフの打ち出した政策で不評だったのは、「ドイツ語公用語化」政策である。官庁や高等教育機関の言語をドイツ語で統一するというこの方針は、決してそれ以外の言語を抑圧することが目的ではなく、あくまで行政の効率化と利便性を考えた措置であった。しかし各地の諸身分はこれにとまどい、特に、伝統的にラテン語を公用語としてきたハンガリー貴族たちにとっては、これは到底受け入れがたい措置であった。チェコではそれほど大きな問題にならなかったのは、すでにドイツ語が広く行き渡っていたからである。それにチェコ語の重要性ももちろん忘れられていたわけではなく、オーストリアの陸軍学校ではチェコ語が教えられていたし、ウィーン大学では一七七五年にチェコ語講座が作られている。この点ではむしろチェコの方が遅く、ほぼドイツ化していたプラハ大学にチェコ語講座ができたのは一七九二年になってからであった。

こうした皇帝主導の改革の基礎にあったのは、いわゆる「啓蒙絶対主義」と呼ばれる精神である。人間を制度的にも慣習的にも束縛してきたそれまでの「旧体制」と訣別し、身分的差別や社会的規制をなくして自由を保証し、人間をすべて等しい状態に置いて、国家と直接に結びつけようとする考え方である。最終的には、強力な国家統合を実現するのが目的であったが、理念的には高い道徳性に裏打ちされた政策であった。いわば「上からの改革」とも呼ぶべきものである。

しかしヨーゼフの政策は、理念ばかりが先行し、あまりに現実を無視していたので、多くの人々はこれに拒絶反応を示した。従来の権利を失うことを恐れた特権身分が反撥しただけでなく、それまでの社会の中にともかくも安定した生活の場を見つけてきた民衆も、伝統や慣習をすぐに捨てることはできず、あまりに性急な近代化にはついていけなかったのである。そのため、ヨーゼフはせっかく打ち出したさまざまな政策の多くを、死の直前に撤回せざるを得なかった。それでも、彼は彼なりに国家と国民のことを真剣に考えていたことは、その精力的な仕事ぶりに表われている。彼は生涯を通じて広い帝国全体を丹念に視察してまわっていた。チェコだけに限っても、母のもとで共同統治者になった一七六五年から死去する九〇年までの間に二〇回以上も訪れて、地方都市や農村部の状況まで丹念に自分の目で確かめていたのである。

「国おこし」の運動

チェコ、モラヴィア、ラウジッツ、ハンガリーなど、ハプスブルク家が統治する各国では、こうした「上からの改革」に対抗する形で、しかし実際にはこれと並行する形で、新しい社会的および文化的活動が高まりつつあった。それは帝国政府による中央集権化に抵抗して、自分たちの特権や伝統を守ろうとする特権身分の運動に始まり、しだいに領邦の独自性を主張として掲げるようになり、さらに、地域独自の伝統・文化の掘り起こしや擁護へと進んでいった。ドイツ語でランデスパトリオティスムス（愛郷主義）と呼ばれるこの運動は、基本的には、郷土愛にもとづいた一種の「国おこし」の運動であり、後の時代の偏狭な民族運動とは全く違った性質のものである。それは画一化を求める帝国政府の集権化政策とは逆方向をめざしていたが、文化の振興、生活水準の向上、教育の重視と学問の奨励などに重点を置くという意味では、「上からの改革」と共通した性格を持っていた。

その主な担い手は、開明的な貴族や聖職者、裕福な市民などであり、彼らは学術団体や読書クラブの創設などを通じて、地道な方法で運動の輪を広げていった。チェコでは一七七〇年にこれらをまとめる団体として「私立学術協会」が創設され、翌年ここから『プラハ学術報知』が発刊された。これがドイツ語で書かれていたことは、当時の知識人たちの共通言語がドイツ語であったことを考えれば全く不思議ではない。さらに一七九〇年には「ボヘミア王立科学協会」が設立されて、チェコでもいよいよ近代的な学芸を本格的に開花させる準備が整い始めた。

こうした時期のチェコを代表する啓蒙思想家の一人に、フランツ・マルティン・ペルツル（一七三四〜一八〇一年）がいる。彼はチェコの近代的歴史学の草分け的存在であり、カレル四世やヴァーツラフ四世に関する研究を発表したほか、いまだに日の目を見ないでいたバルビーンの『スラヴの言語、特にチェコの言語の擁護』を一七七五年に初めて出版した。初めのうちペルツルはドイツ語で著述していたが、一七九一〜九五年の『新たなチェコ年代記』はチェコ語で書かれている。彼は、チェコの文化水準を高めるにはチェコ語をもう一度見直す必要があるという立場を代表する人物の一人で、一七九三年にはプラハ大学のチェコ語およびチェコ文学担当の教授に就任した。このように啓蒙精神に満ちた、そして同時にチェコの文化や伝統の掘り起こしに熱心であったペルツルが、「公明正大で誠実、祖国を愛し、正義感に満ちている」と称えた人物がいる。彼が家庭教師をしていた家の当主、ノスティッツ伯爵である。

伯爵の劇場建設計画

フランツ・アントン・ノスティッツ・リーネク（一七二五〜九四年）は、一六世紀にチェコに移住してきたラウジッツの貴族の子孫だが、彼自身は生まれたのも死去したのもプラハである。若い頃には軍隊で活躍したが、後に官僚としてのキャリアに移り、五八年に領邦裁判所の判事、六四年に行政局の顧問、八一年に宮内卿、そして八二年には、最高城伯、すなわち国王に代わってチェコを統治する、今日の首相にあたるような地位についた。その館は、プラハ小市街の少々奥まったマルタ騎士団広場に面し、今日の日本大使館のすぐ目の前にある。彼はチェコの学問・文化の振興を大いに説いてまわり、その実現のために尽力した典型的な「学芸の庇護者」で、その館は、プラハ中の著名な芸術家や学者の集まる場所になっていた。

ノスティッ伯爵は宮内卿の地位にあった八一年、プラハに劇場を建てる計画を立てた。単なる仮設の芝居小屋ではなく、造りも設備も贅をこらし、質の高い演劇やオペラを上演することができ、貴族その他の上流階級や知識人、芸術家などの社交の場にふさわしい本格的な劇場である。そうした施設があるかどうかは、その国が周辺諸国に誇れる高い文化を持っているかどうかを示す、直接の指標となりうる。同時に彼は、それまで質の高い演劇を提供していたイエズス会が解散に追い込まれたために、市民が物足りない思いをしていることを感じ取っていたらしい。

この当時、高度な設備を備えた劇場の建設は何といっても裕福な貴族の役割であった。プラハでは、一七二四年に新市街のナ・ポジーチー通りに最初のオペラハウスが建てられ、イタリア語のオペラ以外にカーニヴァルの道化芝居がチェコ語で上演されることもあった。三〇年には『罰せられた悪徳』という題で、放蕩貴族ドン・ファアンの劇もプラハ市民に紹介されている。プラハでの最初の本格的なオペラ上演は、これより前の二三年に皇帝カール六世のチェコ王戴冠に際してプラハ城で行なわれており、演目はウィーンの首席宮廷礼拝堂楽長ヨハン・ヨーゼフ・フクスの『忠誠と不屈』であった。いかにも国王との関係を第一に考えていたチェコの貴族らしい。ちなみに、現在、観光都市として高い人気を誇るチェコ南部の街チェスキー・クルムロフの城にあるバロック風の劇場も、それ以前にあった木造の劇場を、城主のシュヴァルツェンベルク家が一七六〇年代に改造したものである。

次いで一七三八年にはプラハ市当局により、旧市街のハヴェル通りと騎士通りの間の、小さな市場の建物があった場所に「フ・コトツィーフ」（「市場の中」の意）という名で呼ばれる最初の公立劇場が完成し、市内で活動しているさまざまな劇団に貸し出されて使われた。当初は木造であったが、八三年に石造に建て替えられている。ただし後に取り壊され、今は存在しない。

この公立劇場の支配人はどうやら、演劇の分野での独占欲が強かったらしく、市内に別の本格的な劇場を建てることをなかなか許可しなかったが、この人物が死去したことで、ノスティッツ伯爵の計画にも実現の機会が訪れた。新しい劇場の場所としては「フ・コトツィーフ」劇場のすぐ近くの果物広場が選ばれたが、まず周囲の人々を説得する必要があった。北西にあたるプラハ大学は日当たりが悪くなるといって反対し、すぐ前の聖ハヴェル修道院は、いかがわしい芸人たちが周りをうろつくのは御免だと不満をもらし、周辺の住民は、大量の蠟燭を使う劇場から火災が起こらないかと恐れたのである。伯爵はようやく皇帝の許可まで得てこれらの反対を押し切り、八一年九月七日に、建築家アントン・ハーフェネッカーの指揮で工事は始まった。直後の二五日に現場を訪れた皇帝は、この劇場は旧市街広場にあればもっとよかろうと述べたといわれる。今になって場所を移すわけにはいかなかったが、もしその通りになっていたら、プラハの中心部はだいぶ違った印象になっていただろう。

「オペラの殿堂」の完成

翌年、この劇場建設の目的を記した文章の中で、ノスティッツ伯爵は「ヨーロッパ中を旅行し、あちこちの首都で劇場の立派な建物を見てきたチェコの人々は、祖国に帰った時、いかに自分たちの国がこの点で後れているかを痛感せざるを得ないでしょう。これを改善し、最も偉大な首都の一つであり、私の街でもあるプラハが、それにふさわしく華やかになり、未来のためにしっかりした基礎を備えるために、私は自分の資金と自分の責任において、全く新しい、そしてあらゆる快適さを備えた劇場を造ることを決意いたしました」と述べ、ウィーンの劇場を引き合いに出しながら、プラハにもドイツの言語文化の殿堂を作るのだという抱負を語っている。しかし「もしもこの劇場が成功するならば、私はいかなる演劇にも、いかなる言語にも隔てを設けません。貴族と観客たちとの願いに応じて、多くの楽しい時間を提供する所存です」とも述べて、チェコ語しか解さない住民にも配慮を見せた。建物の正面

8－2　ノスティツ劇場

には、ドイツ語で「デム・ファーターランデ」すなわち「祖国へ」と書かれるはずだったが、後にラテン語の「パトリアエ・エト・ムーシース（祖国へ、そして音楽の女神たちへ）」に変えられたという。

一七八三年四月、念願がかなって劇場は完成した。一八六九年に完成したウィーンの国立歌劇場や、一八八一年に完成したプラハの国民劇場（ただし同年焼失したため二年後に再建された。スメタナやドヴォジャークなど、主にチェコ人の作品が上演された）と比べればずいぶんと小ぶりな建物に見えるが、当時としてはこれは最大級の堂々たる劇場だったのである。初めは、創設者を記念して「ノスティツ伯爵の国民劇場」（略してノスティツ劇場）と名づけられた。この「国民」は、現在の言葉とは少し異なり、「あらゆる人々のための」というほどの意味である。その後一七八九年にチェコの貴族身分の所有物となり、貴族身分を意味する単語から、ドイツ語ではシュテンデ劇場、チェコ語ではスタヴォフスケー劇場と呼ばれるようになった。第二次大戦後の一時期、一九世紀チェコの劇作家を記念してティル劇場と呼ばれたこともあったが、今ではスタヴォフスケー劇場に戻っている。日本人には、英語名エステート劇場の方が呼びやすいかもしれない。それはともかく、この最新鋭の劇場は、当時のプラハの人々にとってあこがれの社交の場であり、ここに通うことはまさに最先端の流行であっただろう。

そして創設の三年後、この劇場で一つのオペラが空前の大成功を収めて繰り返し上演されていた。ボーマルシェ原作、ロレンツォ・ダ・ポンテの台本、モーツァルト作曲による『フィガロの結婚』である。初演は一七八六年五月、ウィーンのブルク劇場で行なわれていた。ウィーンでも大評判であったが、一部に、あまり好意的でない受けとめ方もあった。浮気癖の止まない伯爵を、伯爵夫人、従僕フィガロおよびそのフィアンセであるスザンナがやりこめるという、辛辣な風刺のきいた危険な内容のせいかもしれず、あるいは喜劇オペラにしてはあまりに緻密で複雑な構成を持ち、完成度が高すぎてとっつきにくかったためかもしれない。しかしこれがノスティッツ劇場でとりあげられると、予想もしなかったような大当たりになり、プラハではあちこちのバンドがその音楽を編曲して演奏し、街中で人々がそのメロディーを口ずさんでいたという。こうなったからには、ぜひ作曲者をプラハまで呼び寄せようということになった。

8－3　ヨゼフ・ミスリヴェチェク（左）とイジー・アントニーン・ベンダ（右）

チェコ出身の作曲家たち

幼い頃から父に連れられてヨーロッパ中を旅してまわったことで有名なモーツァルトだが、チェコやモラヴィアにはなぜか縁がなかった。幼い頃、ウィーンに天然痘がはやった時、オロモウツに難を避けた程度である。一八世紀のチェコやモラヴィアは多くの優れた作曲家を生み出しており、決して音楽が盛んでなかったわけではない。しかしそうした人々の多くは国内では活躍する場を見出せず、国外で活動していた。

代表的な作曲家を何人かあげると、まず一七一七年にニェメツキー・ブロト（今のハヴリーチュクーフ・ブロト）の商人の子として生まれたヤン・ヴァーツラフ・アントニーン・スタミツがいる。一般にはシュターミッツというドイツ語読みの方が知られている。彼はイフラヴァのイエズス会のギムナジウムなどで音楽を学んだが、後にプファルツ選挙侯の宮廷都市マンハイムに行き、当時最高の水準を誇るといわれた宮廷楽団を率いて、「マンハイム楽派」と呼ばれるグループの中心人物となった。

また、「ベンダ一族」と呼ばれる音楽家一家も有名である。なかでも、一七二二年にプラハ北東のスタレー・ベナートキに生まれたイジー・アントニーン・ベンダは、多くの交響曲やオペラを書いたことで知られるが、二一歳でポッダムの宮廷楽団のヴァイオリン奏者になって以来、一七九五年に死去するまで、生涯の大部分をドイツやイタリアで過ごした。

そしてもう一人、一七三七年にプラハで生まれたヨゼフ・ミスリヴェチェクがいる。水車小屋の粉挽きの息子として生まれ、水力学までマスターしたが、水車小屋は弟に譲って音楽家になった。ヴェネツィアで大成功を収めてから、人気のオペラ作曲家としてイタリア中で引っ張りだこになり、三〇以上のオペラを書き、「神のごときボヘミア（チェコ）人（イル・ディヴィーノ・ボエーモ）」と呼ばれたという。しかしそれもわずかの間で、一旦人気が落ちてからはすっかり忘れられ、貧困のうちに一七八一年に世を去った。亡くなる四年前、モーツァルトは、ミュンヒェンの病院に入っていた彼のもとを訪ねている。かつての人気スターがすっかりやつれ果てているのを見てモーツァルトは大変な衝撃を受けたらしいが、この時ミスリヴェチェクは彼に、ぜひプラハに行くように勧めたという。尊敬する大先輩の言葉を、モーツァルトが忘れていたとは考えられない。

これらの人々の行動を見ると、この当時の才能ある音楽家が活躍するには、やはりしっかりしたパトロンがいること、特に自分の腕前を十分に発揮できる華やかな宮廷に身を寄せることが何よりも大切であったことがわかる。プラハはいかに由緒ある大都市であったとはいえ、やはりハプスブルク帝国の一地方都市にすぎず、この点で決定的に不利だったのである。モーツァルトの足もドイツやイギリス、フランス、イタリアへは向かったが、すぐ近くのチェコへ行く機会はなかなか訪れなかった。しかし今やこれが実現の運びとなった。豪奢な宮廷ではなく、貴族や市民たちの集まる社交場での大成功が、ついにこの天才をプラハに呼び寄せることになったのである。

最初のプラハ旅行

モーツァルトは一七八七年一月八日にウィーンを出発し、一二日にプラハに到着した。すでに街中の著名人が待ち構えており、歓迎のための盛大な舞踏会が開かれた。あまりの歓待ぶりにさすがのモーツァルトも疲れたのか、到着の四日後、友人にあてて「ここでは皆が私に注目し、敬意を払ってくれるし、それにプラハは実際に非常に美しくて快適な街だけれども、もうすでにウィーンが恋しくなった」と書き送っている。

それでも熱烈な歓迎には応えなければならず、彼は一七日にノスティッツ劇場で、イタリアの興行師パスクァーレ・ボンディーニ一座による「フィガロ」を自ら指揮した。上演は三日後も繰り返されたが、その間の一九日には同じ劇場で音楽会が開かれ、今日「プラハ」と呼ばれる新作の交響曲が初演された。もっとも、この曲がこの時の旅行のために作曲されたという説は、今ではむしろ疑問視されている。観衆の拍手喝采に応じて、さらにモーツァルトは「フィガロ」のアリアをテーマにしたピアノの即興演奏を行なった。こうした忙しい日程の合間にも、彼は著名な人々を訪問したり、居酒屋に通ったりしている。そしてボンディーニとある契約を交わして二月にウィーンに戻った。その契約とは、秋に予定されているヨーゼフ二世の姪マリア・テレジアとその婚約者ザクセン大公アントンのプラハ訪問を記念するために新しいオペラを作曲する、というものであった。題材には、すでにプラハの人々も知っている、スペインの貴族ドン・ファアンが放蕩を尽くしたあげく地獄に突き落とされるという物語が選ばれた。台本は「フィガロ」と同じくダ・ポンテに委ねられることになった。

『ドン・ジョヴァンニ』初演

そして八月、モーツァルトは再びプラハへ向かった。その間の五月に父レオポルトを失うという辛い経験もあったが、新作オペラへの熱意は並大抵のものではなかった。まだ仕上が

8－4　ベルトラムカ。17世紀に建てられ、現在は博物館としてモーツァルト関係の展示がある（写真提供：チェコ政府観光局）

っていない楽譜をトランクに入れて旅路につき、プラハに到着すると、ノスティッツ劇場のすぐ近くの宿屋「三頭の獅子」に部屋をとって、ただちに準備を始めた。かつてザルツブルクで知り合ったドゥシェク夫妻が郊外の閑静な別荘を提供してくれたので、市街地の喧騒を避けて作曲に専念することもできた。ベルトラムカと呼ばれるこの別荘は、今でも、美しい庭園を背景に当時の姿をよくとどめたまま残されている。

公演の準備と作曲は並行して進められた。すでに作曲した部分にもかなりの手が加えられたらしく、プラハで手に入れた五線紙が使われている箇所を見れば、どの部分が新たに書きなおされたかがわかるという。プラハにはダ・ポンテも来て、すでに完成している台本にもさらに修正が加えられた。昼間の練習の後は、居酒屋でビールやワインを楽しみ、おそらくここでさらに、完成へ向けて最終的な詰めの議論が行なわれたのであろう。時には、夜更けになってすでに店仕舞いしている居酒屋の主人をたたき起こして、コーヒーを注文することもあったが、モーツァルトがプラハの人々のために新しいオペラを作っていることは皆が知っていたので、誰もが彼を快く出迎えた。

しかし一〇月一四日に予定されていた初演はついに間に合わず、この日には代わりに作曲者の指揮で再び「フィガロ」が上演された。翌日の手紙でモーツァルトは、ボンディーニの劇団は小規模なので仕事がウィーンほど速く進まないこと、オーケストラが二〇人しかいないこと、歌手が一人でも病気になればすべてが止まってしまうことなど、不平をもらしている。最終的に決められた初演の日の前夜になっても、まだ序曲ができておらず、明け方のわずかな時間で書き上げられ、大急ぎでこれを書き写して楽団員が初見で演奏したという話は、どこまで本当かはわからない。しかしそれに近い状況だったことは確かであろう。

何回か延期された後、ついに一〇月二九日、モーツァルトの新作オペラ『ドン・ジョヴァンニ』がノスティッツ劇場で上演された。第一幕の冒頭でいきなり殺人事件が起こり、最後は主人公が業火の中に消えていくというこの型破りなオペラに、プラハの人々は熱狂した。当時の新聞はこの時の様子をこう伝えている。「一〇月二九日の月曜日、イタリアの歌劇団により、マエストロ・モーツァルトの待望のオペラ『ドン・ジョヴァンニあるいは石の客人』が上演された。事情通や音楽家たちの話によれば、これほどのイヴェントはこれまでプラハになかったそうだ。モーツァルト自身が指揮をしたが、彼がオーケストラの前に現れるといつもの三倍もの歓声が響き渡り、彼が退場する時もこれが繰り返された。このオペラは非常に上演が難しいが、それにもかかわらず、しかもこれほど短期間の練習でこれほど見事な上演にいたったことに、人々は皆驚いている」。この後、一一月一六日にモーツァルトがプラハを去るまで、この作品は繰り返し上演された。

忘れえぬ大作曲家

その後、モーツァルトは一七八九年に、リヒノフスキー公爵に付き添ってベルリンへ旅行した際、行きと帰りにプラハに立ち寄っている。そして一七九一年九月に、新しい皇帝レオポルト二世がプラハでチェコ王として戴冠式をあげたが、これが、モーツァルトにとって、プラハ訪問の最後の機会となった。この戴冠式のために、チェコの貴族たちが彼にさらにもう一つのオペラの作曲を依頼したためである。あまり体調の優れなかったモーツァルトは、賑やかな市街地を避けてベルトラムカで過ごすことが多かった。

新皇帝夫妻のチェコ訪問は、チェコの人々にとって、皇帝への揺るぎない忠誠を示すと同時に、国力を誇示していかに自分たちの国が優れているかを宣伝する場にもなった。チェコ中の工場主や手工業組合から、輸出用の生地、紡績機、陶器、金属製品、紙製品などが送られてきて、かつてイエズス会の本拠であったクレメンティヌムに展示され、あたかもチェコ物産展、というより博覧会のような光景になったという。ハプスブルク帝国の単なる一地方に成り下がってしまったチェコの人々の大げさな忠誠心と、懸命な自己主張を、皇帝はどう思って眺めていたであろうか。

モーツァルトのオペラ『皇帝ティトゥスの慈悲』の初演は、戴冠式の当日、九月六日に行なわれた。プラハの人々には好評だったが、皇帝夫妻の反応は冷たかったという。もともとこの皇帝は、兄のヨーゼフ二世ほどには音楽に関心を持っていなかったのも事実らしい。そしてモーツァルト自身はあまりこのことを気にしていなかったし、彼の頭はすでに次のオペラのことで一杯であった。見知らぬ国の王子と囚われの王女が、さまざまな試練をくぐり抜けたあげく、高僧ザラストロの支配する神聖な国で結ばれるという、奇想天外なドイツ語の歌芝居『魔笛』である。

しかし、この頃のモーツァルトは貧窮にあえぎ、しかも健康も崩していたので、再び自分がプラハに戻ることはないことを悟っていたのかもしれない。彼がプラハを去る場に居合わせたある友人はこの時のモーツァルトについて「彼は友人たちとの別れを悲しんで涙を流した。そして、馬車をトランクや箱で一杯にして去っていった。奥方コンスタンツェ様は、高貴な国チェコが提供する食品、特にハム、雉《きじ》、太った鵞鳥《がちょう》などを持たずにウィーンに帰ることはなかった」と記している。

モーツァルトはウィーンに戻った後、九月三〇日に『魔笛』を初演した。これもまた大成功であったが、すでに彼には余力は残っておらず、一二月五日に生涯を閉じた。ウィーンでの埋葬は非常に寂しかったといわれるが、プラハでは、偉大な天才をしのんで盛大なミサがあげられた。もちろんその作品はなおもプラハの人々によって愛され続け、『ドン・ジョヴァンニ』は一八二五年までに上演回数二五七回を数え、この年にはチェコ語上演も実現した。『魔笛』もまた一七九二年にシュテンデ劇場（旧ノスティッツ劇場）で上演された後、九四年にはイタリア語やチェコ語でも上演された。プラハの人々は、モーツァルトを誰よりも正当に、高く評価したのは自分たちだという自負を、今でも持ち続けている。

モーツァルトとプラハ。五年にも満たなかったとはいえ、この両者の間にかくも幸福な出会いが実現したのはなぜだろうか。あり余る才能のゆえに、一握りの王侯貴族だけが独占する宮廷音楽の世界に収まりきらなかったモーツァルト、そして、高い生活水準と文化を誇りながら、当時の体制では一流の都市にはなりきれなかったプラハ、その間に、何か通じ合うものがあったと考えることはできないだろうか。あるいは、ウィーンでは必ずしも評価されなかった大天才を破格の扱いで大歓迎すること自体が、プラハの人々の心意気を示していたのかもしれない。それは確かに、プラハがその長い歴史の中で経験した最も輝かしい瞬間の一つであっただろう。

しかし、時代はさらに動いていた。劇場でオペラが大喝采を浴びている一方で、フランスで生じた大革命と、その後のナポレオン戦争の影響がチェコにも及び始める。人々は当然、ハプスブルク家への忠誠のもとにまとまったが、国家や社会の近代化を求める風潮はヨーロッパ全体に広まっていき、チェコもまた大きな変化の中に巻きこまれていくのである。

第九章　博覧会に賭けた人たち

——チェコの内国博覧会

オーストリア皇帝の治める帝国

プラハ市街を北へ流れ下ったヴルタヴァ川は、旧市街を回りこむように大きく東に曲がり、さらにその先で再び大きく西に向きを変える。その間の半島のようになったあたりはホレショヴィツェという工業地区だが、その北西に、ストロモフカ（樹木園）と呼ばれる広大な庭園がある。ここはかつて王族たちが狩猟を楽しんだ森林公園であった。そしてその一角に、プラハ博覧会場と呼ばれる地域があり、風変わりないくつかの建物が互いに向かい合うように並んでいる。一九世紀の末、ここで盛大な内国博覧会が開催され、それはチェコが近代国家の仲間入りをしていく過程で最大の呼び物といえるようなできごとであった。博覧会はどのようにして実現したのか、そしてなぜ人々の注目を集めたのか、政治的背景も考えながら、当時の様子をたどってみることにしよう。

まず、一九世紀のチェコに生じた大きな変化を、ハプスブルク帝国全体の情勢も含めて簡単に振り返ってみたい。

ヨーロッパ中を混乱の渦に巻きこんだナポレオン戦争のさなかの一八〇四年、ハプスブルク家のフランツ二世は「オーストリア帝国皇帝」を称し、二年後の〇六年には自ら神聖ローマ帝国を廃止した。チェコやハンガリーも、これ以降はオーストリア皇帝が統治する国家の一部となったのである。オーストリアは、一時はウィーンを占領されるほどの危機に陥ったが、最終的にはフランス軍を撃退し、一八一五年以降、ウィーン体制と呼ばれる復古的時代のヨーロッパを率いる大国の一つとなった。フランス革命の波及を恐れる貴族ら保守派の協力を得て、皇帝を中心とするオーストリア政府の支配は、かつてない安定の時代を迎えたかに見えた。

もちろんその間にも各地で文化振興の着実な試みは続けられた。チェコでもドブロフスキーやユングマンなどの学者が文法書や辞典などの編纂を進めたおかげで、今やチェコ語は再び、日常会話だけでなく、文芸や学術において立派に用いることのできる言語とみなされるようになっていった。こうして少しずつ「スラヴ系の言語チェコ語こそがチェコ人の言葉である」という意識が人々の間に芽生え始めたが、それはまだ文化的なレベルでの話であり、何らかの民族的要求と結びつくものではなく、政治的にはほぼ平穏な状況が続いていた。

革命と反動

しかしヨーロッパを覆ったこの保守的な体制は、一八四八年二月にパリで生じた革命によって一挙に吹き飛んだ。国王を追放して共和政府を樹立したこの事件は、瞬く間にヨーロッパ中に飛び火し、各地で、憲法の制定や議会の召集、身分的差別の廃止と社会的自由を求める声があがった。それは、これまでの王朝的、あるいは帝国的秩序に代わって、自由で平等な国民からなる国家を創り出そうとする運動でもあった。ベルリンやウィーンでも革命が起こり、ドイツの自由主義者たちは、フランスに倣ってドイツにも統一された国民国家を創ろうとさまざまな運動を展開した。

オーストリアにとって、これはまさに帝国の屋台骨を揺るがされるようなできごとであった。この帝国の中には、すでに、ドイツ人、ハンガリー人、チェコ人、ポーランド人、クロアチア人など、主に言語の違いにもとづいて多数の民族が形成されていたからである。ハンガリー人は独自の内閣を作ってオーストリア政府の承認を勝ち取り、自立への道をめざした。一方チェコでは、歴史家フランチシェク・パラツキー（一七九八〜一八七六）が、オーストリア帝国内部での自治獲得という要求を掲げていた。その他にも、「スラヴ人」の連帯を求めるグループがあり、彼らは六月にプラハで帝国内外のスラヴ人を集めた「スラヴ人会議」を開催した。しかしこれは、ちょうど同じ時期に労働者や学生の暴動が発生したために軍隊によって解散させられた。パラツキーはその後、帝国議会の議員に選ばれて、オーストリア帝国を連邦化するための憲法作成を進める中心メンバーの一人となるが、翌四九年三月、この議会は、革命勢力を抑えて再び事態を掌握した皇帝政府によって解散させられた。ハンガリーの革命も夏までには鎮圧され、帝国の「下からの変革」の試みは失敗に終わったのである。

その後オーストリアでは、一八四八年に即位した皇帝フランツ・ヨーゼフのもと、再び復古主義の時代が訪れ、立憲制や議会制の試みは事実上棚上げされた。五一年には「ジルヴェスター(大晦日《おおみそか》)勅令」が発布されて、「新絶対主義」とも呼ばれる、皇帝に権限を集中させる体制が整った。それは徹底した中央集権にもとづく抑圧的な体制であったが、一面では、封建的特権の廃止や信教の自由など、近代化を推進する性格を持っていたことも否定できない。自由な経済活動が可能になった結果、各地で工業化が進み、チェコでも、世紀前半から発達していた繊維工業に加えて、食品工業、鉄工業、機械工業などが盛んになり、帝国で最も工業化の進んだ地域になりつつあった。

めまぐるしいヨーロッパ情勢のなか、この「新絶対主義」も長くは続かなかった。フランスの支援を受けたイタリアとの戦争に敗れてロンバルディアを失ったオーストリア政府は、国内の各勢力の支持を得るために、一八六一年に「二月勅書」を発布して帝国議会および各国の領邦議会を復活させた。チェコの代表も帝国議会に参加した。しかし六三年に彼らはそこから去り、「受動的抵抗」戦術をとることになる。この頃のチェコでは、数百年の伝統を持つ「チェコ王冠諸邦」に再び政治的主体としての意味を与えて帝国を連邦化させるというパラツキーの構想が、貴族層を中心に支持を集めていた。彼ら自身の言葉を用いるならば「国家権にもとづく権利要求」ということになるが、帝国議会を軸に構成される政体は、この考えに合わなかったのである。

チェコ系住民とドイツ系住民

一八六六年にプロイセンとの戦争に敗れてドイツ統一の主導権を失ったオーストリア政府は、翌年ハンガリー王国にほぼ独立国に近い権利を認めて、いわゆるオーストリア・ハンガリー二重帝国を発足させた。帝国内でドイツ人に次ぐ勢力を持つハンガリー人との妥協策である。しかしオーストリア側に依然として組み込まれたままになったチェコでの不満はさらに高まり、パラツキーや、その娘婿フランチシェク・ラジスラフ・リーゲル（一八一八～一九〇三）を中心とする国民党は、なおも受動的抵抗を続けた。しかし国民党内には、積極的に帝国議会でチェコ人の権利獲得のために運動するべきであるとする勢力も擡頭し、「青年チェコ党」と呼ばれるグループを形成していく。彼らは、国家権などといった伝統に立脚した主張よりも、より広範なチェコ系住民の感情を重視した。これに対して、パラツキーらを中心に上層市民や貴族を支持基盤とした人々は「老チェコ党」と呼ばれることになる。

このように一九世紀後半のチェコでは、民族としての自覚を強めつつあったチェコ系住民が、さまざまな形で自己主張を展開していた。それは必然的に、チェコに住むドイツ系住民にも民族的自覚を促し、両者の間の溝は徐々に深まっていた。ドイツ系住民は国境に近い周辺部に多く住んでいたので、これはチェコ内部での地域的対立をも際立たせることになった。両者が混じり合って住んでいるプラハのような都市では、状況はもっと複雑であった。そしてここに、民族対立を慎重に避けながら近代化を進めていこうとするオーストリア政府の試行錯誤が絡み合い、状況は非常に複雑に展開していく。

こうしたなか、オーストリア帝国では、一八七三年から数年間続いた不況のあおりを受けてドイツ人リベラル派中心の政権が倒れ、チェコともつながりのある貴族ターフェが、ドイツ人地主層およびチェコやガリツィア（今日のポーランド南東部からウクライナ西部にかけての地方）の保守派を基盤として、七九年から長期政権の座に就くことになる。それは、あちこちで民族的主張が最も賑やかに展開される時代の幕開けでもあった。

帝国政府側の変化を受けて、一八七九年一〇月、チェコの議員たちは一六年ぶりに帝国議会に復帰することになった。彼らは、決して自分たちは「国家権」要求を取り下げるわけではないと明言したが、戦術はより具体的なものになっており、翌月、皇帝に対して覚書を提出した。そこには、チェコの役所や裁判所、プラハ大学、中等・初等学校においてチェコ語とドイツ語が同格の言語となるという主張が含まれていた。これを受けてターフェは翌八〇年に、「シュトレマイアーの言語令」を出して、チェコとモラヴィアの役所と裁判所で両方の言語が用いられることを承認した。また、こうした政策の一環として、一八八二年にはプラハ大学がチェコ部とドイツ部に分割された。

しかしこれは逆にドイツ系住民の反撥を招いた。もともとチェコ人の官僚や役人はドイツ語もある程度できるのが普通だったが、チェコ語のできるドイツ人は多くなかったからである。ドイツ人側はこの後、チェコを民族区分に応じていくつかの行政区域に分ける案を持ち出すが、到底、王国の一体性を重んじるチェコ人保守派らの受け入れるところではなかった。結局、この問題をめぐって八六年にドイツ人議員たちはチェコ議会から引き上げてしまう。かつてはチェコ人が帝国の連邦化を要求して帝国議会をボイコットしたのに対し、今度はドイツ人がチェコの分権化を要求してチェコ議会をボイコットしたわけである。

9－1　チェコ東部ツェレコヴィツェの製糖工場

博覧会開催の要望書

チェコの工業連盟が、内国産業博覧会開催の案を持ち出したのは、まさにこうした時代、一八七九年一〇月のことである。ドイツ人経営者たちが七〇年代の不況で痛手を被ったのに比べると、甜菜《てんさい》を原料とする製糖業など食品工業の比重が高かったチェコ人経営者たちの損害は少なかった。自信を強めた彼らはこの頃から機械工業にも進出し始め、自分たちの製品の質を内外に宣伝する場を求めていたのである。当初は、工業連盟創設五〇周年にあたる八三年の開催が予定され、工業だけでなく鉱業、農業、芸術も含めた総合博覧会が計画された。しかし、各地の商工会議所が、費用がかかりすぎるとの理由で反対したので、結局この案は実現しなかった。チェコの商工会議所は、プラハ、プルゼニ、チエスケー・ブジェヨヴィツェ、リベレツ、ヘプの五つの都市にあったが、いずれもドイツ人が中心となって運営していた。そのためチェコ人側は、博覧会の計画はドイツ人によってつぶされたと非難した。

しかし八四年に商工会議所役員の選挙制度が変わると、プラハ、プルゼニ、チェスケー・ブジェヨヴィツェの三箇所ではチェコ人が優位に立つことになった。こうして今度は商工会議所の中から、プラハで大規模な博覧会を開催し、常設の建物も建設するという計画が登場してくる。八五年にブダペストで総合博覧会が開かれて広い注目を集めたのも、彼らの意欲と競争心をかき立てた。

そして一八八七年、プラハの実業家ボフミル・ボンディや建築家ヴァーツラフ・ネクヴァシルらが中心となり、チェコ議会あてに、博覧会用の建物の建設および総合博覧会開催の計画に関する要望書が作成された。そこには、プラハは一七九一年に、レオポルト二世の戴冠式に合わせてヨーロッパ大陸で最初の産業博覧会が開かれた街であること、チェコはヨーロッパで最も経済的に進んだ国の一つであること、博覧会の開催はそれをさらに発展させるために重要な企画であること、それは文化的にも有益で都市の活性化にも役立つことが主張されていた。そしてプラハ北方のブベネチ公園、すなわち王室森林公園の一角に、チェコ王国の費用で博覧会用の建物を建設することを求めていた。この後、この計画は、各方面の政治的思惑が絡んで二転三転していくことになる。

プラハの商工会議所では、繊維工場を経営するドイツ人らが、博覧会はドイツ人納税者の税金を使ってチェコ人を利するだけであると述べて反対した。これに対してネクヴァシルは「わが国の機械工業と繊維工業は発展しており、経済は発達している。これらはチェコ人の産業であり、ドイツ人の産業である。わが国は二つの言語の国であり、これからもそうでなければならない」と主張し、結局要望書は多数の賛成を得てチェコ議会に送られた。

しかし議会は「目的のはっきりしない事業に多額の予算をつぎ込むこと」には慎重で、審議はいつまで経っても進まなかった。推進派のチェコ人実業家たちは、プラハ東方のカルリーン地区のカフェ「チェコ王冠亭」に集まるのが習慣になっていたが、議会側からいつまでも返答を得られないことにしびれをきらしていた。ついに、その常連の一人で、電気技師で電気製品工場を経営するフランチシェク・クシジークは、パリで行なわれている方式を取り入れることを提案した。まず自発的な出資金を集め、さらに、博覧会入場券のついた宝くじを販売するというものである。この方式は思いがけない成果を収め、さらにネクヴァシルの尽力で保守派の大物シュヴァルツェンベルク公爵まで支持者に引き込んだおかげで、多くの著名人や貴族が博覧会開催支持にまわることになった。

そして八八年一一月二八日、プラハの商工会議所で関係者に対する説明会が開かれ、「最初の博覧会」から数えて一〇〇周年にあたる一八九一年に内国総合博覧会を開催すること、会場建設はチェコの領邦委員会に要請すること、開催のための委員会を組織することが告げられた。ここでは、大勢のチェコ人実業家や貴族たちに混じって、ドイツ人側からも、協力を表明する人たちが加わっていた。ドイツ人の中にも、民族的主張にこだわらず、博覧会の成果に期待する人々は少なくなかったのである。チェコ人側にしても、経済的になおも重要な位置にあるドイツ系住民の参加が得られないとなればかなりの痛手である。そこで、委員会の七人のメンバーのうち、二人はドイツ人が選ばれた。しかしドイツ系の新聞が「効果の疑わしい、そして一方の勢力だけを利する事業に領邦の予算を使う」ことを厳しく批判したため、結局二人は委員を辞任しなければならなかった。

青年チェコ党の躍進

こうして、ともかく博覧会開催の方針は定まったが、ここにさらに別の政治的事情が重なっていく。きっかけは八九年七月に行なわれたチェコ議会選挙であった。ここで老チェコ党は五五議席を獲得して優位を保ったものの、青年チェコ党もまた四二議席を獲得して、一躍、主要な勢力に躍り出たのである。青年チェコ党は、これまで老チェコ党が保守派貴族と妥協しつつとってきた穏健路線を厳しく批判して積極的な民族的主張を展開し、帝国議会においても独自の行動をとり始めていた。リーゲルはウィーンにあてて、ターフェ首相が何か対策を講じなければ青年チェコ党の勢力は抑えがきかなくなる、と警告した。ターフェは、チェコ北部に広大な所領を所有し、チェコの事情にも通じているトゥーン伯爵をチェコ総督に任命して、事態の収拾にあたらせることになった。

選挙結果を見た関係者たち、特に老チェコ党支持者を中心とする人々は、博覧会を是が非でも開催しなければならないと考えた。少なくともそれによって、一般大衆の目を政治からそらす効果が期待できるからである。一一月には開催実行委員会が組織され、さらに拡大委員会も結成されて、五〇〇〇マルク以上を提供した個人や団体はその委員になれることになった。同時にチェコ議会の予算委員会が、ブベネチ公園の敷地の提供と、一〇万マルクの援助を約束した。プラハ市その他の自治体が参加を表明し、ドイツ人側からもいくつか好意的な反応が得られた。博覧会のプログラムも作成され、そこにはこの博覧会が「二つの民族に共通の企画であり、あらゆる点において二つの民族が同列であること」がうたわれていた。

しかし博覧会だけで事態を乗り切れるわけではない。これまでのチェコ系とドイツ系の間の溝をなるべく埋める必要があり、特に、チェコ議会へのボイコットを続けているドイツ人リベラル派議員を復帰させて、両者の融和を図ることが重要課題となった。困難な交渉の結果、一八九〇年一月四日から一九日まで、ウィーンにおいてターフェ首相の出席のもとで、ドイツ人リベラル派とチェコ側代表との会談が実現し、その結果は一一の基本事項（ウィーン協約草案）にまとめられた。ドイツ人側の代表プレナーは、「チェコのドイツ系住民の努力と粘り強さが偉大な成功を収めた。ドイツ人地域の存在が法的に承認された」と述べてこれに歓迎の意を表した。〔中略〕（チェコにおける）ドイツ人地域の存在が法的に承認されたとみなしたドイツ人議員は、こうしてチェコ議会に復帰することになった。一方、この交渉の席から外されていた青年チェコ党は、この協約草案を示されると「チェコ民族を犠牲にしてドイツ系住民だけを満足させるものであり、『ドイツ語だけの地域』と『二言語併用の地域』に分けることによってチェコ王国の一体性を崩すものである」と厳しく批判した。

「一〇〇周年記念内国総合博覧会」

こうした激しい論戦が行なわれていたとはいえ、この協約草案はともかくドイツ人を博覧会参加へと引き込む役割を果たした。ドイツ人議員たちは商工会議所のドイツ人メンバーに対し、「博覧会はドイツ人の政治的および民族的利益にかなっている」と説明して積極的参加を呼びかけた。チェコ人側も「博覧会は純粋に経済に関する企画であり、政治的および民族的要求とは一切無縁である」と説明して、その中立性を強調した。

しかしまだ問題が残っていた。ドイツ人実業家たちは、予定されている博覧会が「一〇〇周年記念」とされていることを批判した。一七九一年のレオポルト二世のチェコ王戴冠を記念するのはチェコという国家の存在を強調することにつながるし、その前の一七五四年に、すでにある貴族が自分の城で博覧会を開いていた事実がある、というのである。一〇〇年前の戴冠式の時には、チェコ系かドイツ系かなどは一切問題にならずに、チェコ中がこぞって祝賀ムードになったのだから、この一〇〇年の間のチェコ社会の変わりようには驚かずにいられない。ドイツ人側は「一〇〇周年」の代わりに「総合」と呼ぶことを主張し、一方、チェコ人側は「一〇〇周年」の言葉にどうしてもこだわった。結局総督トゥーン伯爵の調停で、博覧会は「一七九一年にプラハで開催された最初の産業博覧会一〇〇周年を記念して一八九一年にプラハで開催される内国総合博覧会」という長い名称になった。

ともかくこれで最終的な障害は取り除かれ、三月に旧市街市庁舎で開かれた拡大委員会には、これまでになく多くのドイツ人が参加していた。資金は一〇〇万マルクを超えていることが明らかにされ、予算、建設、設備および出版、交通の各種委員会が新たに設けられた。ベドジフ・ミュンツベルガーおよびアントニーン・ヴィールによる建物の設計プラン、フランチシェク・トーマイヤーによる庭園の設計プランも示され、いよいよ工事が始まった。皇帝が博覧会を保護下に置くことを表明したのも関係者を勇気づけ、五月にはオーストリア政府も援助を申し出た。今や、ドイツ人とチェコ人が協力して博覧会を開催することを阻むものは何もないかのように思われた。

ドイツ人不参加の決定

ところがまたもや問題が起こった、五月にチェコ議会が開会し、教育・学校制度や議会制度に関する審議が始まったが、ここで青年チェコ党は一月の協約草案を批判する論陣を張り、一部、老チェコ党の議員もこれに加わった。審議は滞り、五月のうちに承認されたのは教育審議会を分割する案だけであった。しかもその後プラハ市が、教育審議会へのドイツ人側代表として、チェコ人との有和を重んじる人物を選出したため、ドイツ人側はこれを「チェコ人の陰謀」と非難した。

こうしてまたもや民族対立が再燃し、ドイツ人側は報復として、博覧会ボイコット戦術に訴えた。ドイツ系新聞は「領土の三分の一が、それも最も産業の発達している地域が加わらない内国博覧会とはどんなものになるやら」と皮肉たっぷりのコメントを寄せた。結局、この問題がきっかけでドイツ人は博覧会のすべての委員会から去り、ドイツ人実業家たちは、わずかの例外を除いて博覧会不参加を表明した。こうしてチェコ人側は取り残される形になってしまったのだが、そのために彼らはかえって、自分たちだけで盛大な博覧会を成功させようという決意を固めることになり、これまで以上の熱意をもって準備に邁進し始めた。

このような込み入った過程を経た結果、当初予定されたチェコの内国博覧会は、実際には、チェコ人を中心に開催される一〇〇周年記念博覧会となり、チェコ人という民族がいかに経済的・技術的に高い水準を備え、ヨーロッパの他の民族にひけをとらない存在であるかを誇示する場となった。言語や芸術など文化的領域で、そして政治的領域で進められてきた民族的自己主張が、経済と産業の領域にもついに及んだのである。とはいえ、ドイツ人の不参加による影響は大きく、繊維、ガラス、貴金属、磁器などチェコの特産ともいえる分野での展示は、不完全なものにならざるを得なかった。チェコ人実業家が進出していた主要産業は、製糖業、機械工業、電気産業などであり、これらが大規模な展示の中心を占めていた。

もちろん、これらの産業分野に関して、あまりにドイツ系、チェコ系などという民族的色分けを強調するのは正しい見方とはいえない。一つの分野に双方の企業家たちが関わっているのはむしろ普通であったし、経営者たちにとっては自分の会社や工場がうまく軌道に乗ることこそが重要であって、民族感情などにこだわっていてはむしろ不都合な場合の方が多かったであろう。それでも、チェコ国内や国外からプラハを訪れて、その華やかな会場に展示されている製品や設備などを目にしたチェコ人たちは、自分たちの民族の成長ぶりをその場で実感し、満足感にひたることがあったのもまた確かなのである。

「チェコ人」の実力を誇示する展示

博覧会は一八九一年五月一五日に盛大に幕開けした。正面入り口を入ると真正面に、ミュンツベルガーの設計による産業宮殿がそびえ、これが全体の中心の位置を占めていた。エッフェル塔で有名な八九年のパリ万博の建物にヒントを得たもので、鉄骨とガラスでできた軽快な構造物の間に、バロックの教会のような塔が二つ突き出ているのが何とも斬新に見えたであろう。その裏手には噴水のある池を挟んで、やはり鉄骨むき出しの機械展示館があり、もう一つの中心をなしていた。内部の展示はもちろんだが、これらの建築それ自体が、チェコの鉄工業と建築の水準の高さを誇らしげに示していた。

9－2　産業宮殿。教会のような二つの塔を鉄骨とガラスの建物が取り囲む

機械や電気製品関係を中心とした展示は、まさにチェコ人の近代産業の象徴でもあり、蒸気機関や発電機などのほか、製糖、ビール醸造、蒸溜酒製造などの機械が稼働状態で並んでおり、

見物客の目を引いた。当初の見込みよりも多くの工場主たちが出品を希望し、計画された建物には入りきらなかったため、もう一つの展示場が追加で建てられた。また機械展示館の右手にはチェコ製糖業の独立したパヴィリオンがあり、機械のほかに、角砂糖やグラニュー糖などの製品も展示されていた。チェコの製糖業は、原料の甜菜や添加物などが国内で安価に入手できるという長所があり、年間三〇万トン以上の製品が広く国外へ輸出されていたのである。

主要な二つの建物の周りには、各種のパヴィリオンやレストラン、軽食スタンド、キオスクなどが建てられ、それぞれ趣向をこらして入場者の注目を集めていた。チェコ観光業パヴィリオンはまるでおとぎ話に出てくる中世の要塞のような外観であったが、中には、一六四八年のカレル橋におけるプラハ市民とスウェーデン軍の戦いを再現したジオラマが展示されて人気を集めていたという。また、会場入り口のすぐ左手には美術館も設けられ、過去一〇〇年間のチェコの絵画や彫刻などに親しむことができた。

機械展示館の左手には、ロプコヴィッツ大公、ハラハ伯爵、総督トゥーン伯爵、シュヴァルツェンベルク公爵、ハナフスキー公爵、帝位継承者フランツ・フェルディナント（後にサライェヴォで暗殺される人物）ら、この博覧会に賛同した貴族や王族たちが自ら建てたパヴィリオンが並んでいた。それらはいずれも狩猟用の館のような外観で、中にはそれぞれの所領の名産品が陳列されており、チェコ南西部シュマヴァ山地で最後に仕留められた熊なども展示されていた。変わったものとしては、スラヴァタ家を引き継いだチェルニーン家のパヴィリオンには、一六一八年五月二三日にヴィレーム・スラヴァタがプラハ城の窓から放り出された時に着ていた服が展示されていたという。

さらにこれらの貴族たちは、地元の特産品を会場内のレストランに提供し、たとえばシュヴァルツェンベルク公爵は一一の醸造所のビールを搬入していたという。その他、ワインや鉱泉水なども各地の貴族によって運び込まれた。もちろん貴族たちは、商売するだけでなく、自ら上客となってあちこちのレストランを訪問するのを忘れなかった。

新時代のアトラクション

今日でもそうだが、当時の博覧会もまた、単なる展示場ではなく、一種の遊園地でもあった。通常のレストランやスタンドだけでなく、アメリカ風のバー、オランダの会社のココア店、トルコ風カフェ、バルカン風酒場などがあり、あちこちでバンドが演奏し、バルカン風酒場ではロマ（ジプシー）の楽団がエキゾチックな音楽を奏でていた。屋外ではプラハの軍楽隊が威勢のいい音楽で雰囲気を盛り上げていた。

特に注目を集めていたのは、機械展示館の背後から離陸する気球である。プラハ初の気球飛行学校の協力で会場に準備された気球「キシベルカ－ギースフープラー」号は、実際に人を乗せて会場上空三〇〇メートルまで上昇し、大評判になっていた。これに乗船した勇気ある人々の中に、トゥーン伯爵もいた。乗る前は緊張し、船長の勧めでコニャックを飲んで気を鎮めてから乗船したが、いざ上空へ上ってしまえば心配された目眩《めまい》を起こすこともなく、博覧会場とプラハ市街の見事な眺めを楽しんだという。しかしこの気球は、最初に自由飛行を試みた六月一六日に破裂してしまった。そのまま落下傘のようになって会場横の工場に落ちたので乗っていた人たちは無事であったが、この試みはこれでおしまいとなった。代わりにフランスから気球の専門家たちが訪れて、プラハの上空で華麗な空中遊覧を披露した。

夕方になると、入場者たちの視線は産業宮殿後ろの噴水に集まった。蒸気機関の力で二五メートルの高さまで吹き上げられた水は、クシジークの設計した色とりどりのライトで照らされ、人々の歓声を浴びた。この「光の噴水」を見るまでは会場を去ろうとしない人々も多かったという。産業宮殿その他の建物もライトアップされて、昼間とはまた異なった華やかなその姿は遠くからもはっきりと見ることができた。照明設備が完備していたおかげで、会場の賑わいは夜一一時まで続いた。会場内のレストランにゆったりと席を取り、あちこちのパヴィリオンから流れてくる音楽を背景に、新時代のさまざまな演出に酔いしれる時、人々は、チェコがヨーロッパの主要国の一つであり、チェコ人はヨーロッパを構成する民族の一つになったことを実感したであろう。

帝国政府の不安

博覧会は一〇月一八日に大成功のうちに幕を閉じた。多くの建物は解体されたが、産業宮殿を含むいくつかは残され、やや手を加えられて現在でも見本市会場や博物館として使われている。機械展示館は一八九三年に解体されて、インスブルックの博覧会委員会に売却された。観光業パヴィリオンやハナフスキー公爵のパヴィリオンは、プラハ市に寄贈されて他の場所に移築され、「ハナフスキー・パヴィリオン」は今でもプラハ市街の眺めのよいレストランとして人気を集めている。そのほか、ヴルタヴァ川左岸のペトシーンの丘に立つ小型のエッフェル塔のような展望塔や、丘の頂上と小市街とを結ぶケーブルカーなども、この博覧会に合わせて建設されたものである。

博覧会は世界各国からさまざまな人々を集めた。チェコ国内あるいはオーストリア帝国に住むチェコ人が多かったことはいうまでもないが、そのほか、ポーランドやセルビア、ロシアなどからスラヴ系の人々を集め、一種の「スラヴ人の連帯意識」を育む役割を果たしたことが指摘されている。これはオーストリア政府に、帝国内に住む非ドイツ系の人々の不穏な動きにつながるのではないかという警戒心を抱かせるのに十分であった。「スラヴ主義者」

と目されている人物が会場を訪れる時には当局は目を光らせ、プラハ警察署長は、博覧会場でロシアを支持する発言や汎スラヴ主義的発言をすることを禁じた。

これと同時に政府は、皇帝フランツ・ヨーゼフが博覧会を訪れるべきかどうかで頭を悩ませた。皇帝は博覧会を保護のもとに置くと明言したので、本来ならば開幕早々に訪れるべきであっただろう。しかし開催をめぐってチェコ人とドイツ人が険悪になった経緯がある以上、そう気軽には訪問もできなかった。訪問すれば、チェコ人側を支持することになるし、チェコ人側関係者の間には、もし可能ならばこれに合わせて皇帝のチェコ王戴冠まで実現させようとする動きもあったので、なおさらであった。かといって一度も訪問しなければ、参加を拒否したドイツ人側に暗に賛意を表明したことになる。

結局皇帝は、会期の終わり近くになってようやくプラハを訪問し、会場に何度か足を運んだ。厳重な警戒のおかげもあって、幸い何事も起こらずにすんだ。そして皇帝はその後、チェコのドイツ系住民の中心都市リベレツをも訪問した。ところがリベレツ近くの鉄道橋で、皇帝の列車が通過する数時間前に、二つのダイナマイトが爆発した。何の被害もなく、テロとさえ呼べないほどのお粗末な事件であったが、犯人は結局見つからず、チェコにはやはり一部で不穏な空気が漂っていることを思い起こさせるには十分であった。

一九世紀の末、ヨーロッパ中を近代化と産業化の波が覆い、各地の人々の間で近代的な民族意識が形成されていく中で、チェコもまた、新しい時代の入り口へゆっくりと近づきつつあったのである。

第一〇章 「同居」した人々、そしていなくなった人々
――スロヴァキア人、ドイツ人、ユダヤ人

チェコスロヴァキア共和国建国

第一次大戦がいよいよ最終局面を迎えていた一九一八年一〇月二八日、ハプスブルク帝国政府が無条件降伏を受け入れたという報告を受けて、プラハでは国民委員会がチェコスロヴァキア建国を宣言した。三〇日にはスロヴァキアの政治的指導者たちが国民評議会を設立し、この国家への参加を表明した。一一月三日に帝国政府は連合国との休戦協定に調印し、一一日に最後の皇帝カール一世は国外に去った。こうしてハプスブルク帝国は崩壊し、帝国内各地の住民は、新しい体制を自ら築いていくことになった。チェコスロヴァキアでは、一四日に臨時議会によって独立運動の指導者で哲学教授でもあるトマーシュ・ガリグ・マサリク（一八五〇～一九三七）が大統領に選ばれ、その指導下に新しい国家の建設が進められること

になった。今日、この国家は「第一共和国」の名称で呼ばれている。

こうしてヨーロッパの地図上にチェコスロヴァキア共和国が誕生してから、まだ九〇年も経過していない。その間にこの国は、劇的な変化をいくつも経験した。そして二〇世紀の終わりを待つことなく、チェコとスロヴァキアの二つの共和国に分裂し、現在にいたっている。この激動に満ちた歴史をごく大まかにたどってみるだけでも、与えられた紙数を簡単に超えてしまうであろう。それに共和国として生まれ変わってからのチェコには、中世以来のチェコとは多くの点で本質的な違いがあるので、これまでの話をそのまま延長させて現代史をたどるとなると、どうしても無理が生じる。

そこで最後の章では、チェコの現代史との関わりにおいて、チェコ人とともに重要な役割を果たした人間集団をいくつかとりあげ、この国が二〇世紀に入って経験した根本的な変化のことに触れてみたい。

「スロヴァキア人」の形成

第一次大戦以降のチェコがそれまでと大きく異なっていた点の一つは、スロヴァキアと合同で一つの国家を形成したことである。では、スロヴァキア人とはどのような人々であろうか。ここで、「チェコの歴史」からは少々話がそれるが、チェコ人と非常に近いとされているこの民族について簡単に見ておくことにしたい。

スロヴァキア人の祖先は、チェコ人などと同じく六世紀から七世紀にかけて移り住んできたスラヴ系の人々であると考えられ、パンノニア盆地の北にある山間部がその居住地であった。第一章で述べたモラヴィア王国の領域とも一部重なっている。しかしこの当時からスロヴァキア人という民族概念があったわけではない。彼らは一〇世紀に成立したハンガリー王国の支配下に入り、これによって、チェコやモラヴィアに住む人々とは別の歴史をたどることになった。ある意味では、ハンガリーに支配されたことが、スロヴァキア人という民族が誕生する前提条件になったということもできるのである。

その後ほぼ一〇〇〇年の間、この「ハンガリー北部のスラヴ系住民」は、独自の政治組織も持たず、主に非特権身分としての生活を続けてきた。一部、領主として支配階層に加わる者もいたが、そうした人たちは自分のことをハンガリー貴族とみなし、ハンガリー国家の神聖な象徴である「聖イシュトヴァーンの王冠」に仕えることを誇りとしていた。

こうした人々の間に、自分たちはハンガリー人とは違うスラヴ系民族であるという意識が生まれていく過程は、チェコの場合と基本的に変わらない。啓蒙思想の影響で、一八世紀末頃から少しずつ、言語の研究などをもとに、独自の民族としての意識が知識人たちの間で芽生えていったのである。ただし中世から王国のあったチェコの人たちと違って、彼らには自分たちを呼ぶべき名前がなかった。「ハンガリー人」「パンノニア人」「スラヴ人」などの名称が提案された後、一七八〇年代末にアントン・ベルノラークという司祭によって、スラヴ系に属する「スロヴァキア語」の存在が主張され、これを話す「スロヴァキア人」という名称が考案された。これに対して、自分たちはチェコ人の一部であると考える人たちもおり、彼らは「チェコスロヴァキア人」という名称を提案した。実際、この地域の言語はチェコ語と非常に近い関係にあるので、一つの言語とみなすことも十分できたのである。

しかし結局はリュドヴィート・シトゥールなどの知識人の運動により、独自の「スロヴァキア語」および「スロヴァキア民族」が存在するという見解が主流となり、彼らは一八四八年のスラヴ人会議にも参加してハンガリー王国やハプスブルク帝国に対して自治を要求した。これは実現しなかったが、こうした運動が展開された結果、一九世紀後半には、スラヴ系民族「スロヴァキア人」の存在が徐々に明確になっていったのである。

チェコ人とスロヴァキア人の合同国家

そして第一次大戦によってハプスブルク帝国崩壊の可能性が見えてくると、独立を志向するチェコ人やスロヴァキア人の間に、お互いに近いスラヴ系の民族同士で連合国家を創るという案が浮上した。そして亡命先で独立運動を進めていたマサリクらの努力により、アメリカ合衆国におけるチェコ系とスロヴァキア系の移民組織の間に協定が成立し、さらに一九一六年にパリでチェコスロヴァキア国民議会が成立した。そして最終的にはこうした組織が連合国側の支持を得て、戦争後にチェコスロヴァキアという新しい形の国家を登場させることになったのである。

もっとも、歴史的に一応の国境線が存在したチェコと違い、スロヴァキアの領域は不明確であった。北部は険しい山岳地帯がつらなり、これが伝統的にハンガリーとポーランドの境界線となってきたので問題なかったが、南部では新たに成立したハンガリー共和国との間で激しい領土争奪戦が繰り広げられ、最終的に今の形に落ち着いた。しかし双方の領土の中に、相手国の民族が少数民族として取り残されていた。

大戦中に結ばれた協定によれば、新国家の中で、スロヴァキアには一定の自治が保障されるはずであった。しかし実際に登場した共和国はプラハ中心の中央集権的体制をとり、スロヴァキアにおいてもチェコの知識人や官僚が重要な地位を占めていた。スロヴァキアはチェコに比べれば貧しい農業地域が大部分で、高等教育を受けた人々も多くなかったという事情も背景にある。しかし政治や社会においてチェコ人に主導権を握られている状態に対して、スロヴァキア人の間にはしだいに不満が生じてきた。少々うがった見方をすれば、こうした「チェコ人への対抗意識」が、最終的にスロヴァキア人としての民族意識を深め、人々の間に広めたとみなすこともできるのである。共和国政府は、両者を一つの「チェコスロヴァキア国民」と呼ぶ方針を打ち出したが、現実はこれとは逆の方向へと向かっていた。

「独立国スロヴァキア」の経験

一九三〇年代の経済危機は、チェコスロヴァキアにも深刻な影響を与えた。チェコにおいては、ドイツ人の自治要求が高まり、これがドイツのナチス政権による介入を招くのだが、チェコとの経済格差に悩むスロヴァキアでも、カトリックの司祭アンドレイ・フリンカ（一八六四〜一九三八）らが率いる人民党が勢力を伸ばした。三八年九月のミュンヒェン協定により、チェコのドイツ人居住地域がドイツへ割譲されることが決められると、翌月にはスロヴァキアの諸政党が自治を宣言し、一一月、チェコスロヴァキア共和国は、スロヴァキアやさらに東部のルテニアなどの自治領域を含む「第二共和国」に移行した。しかしスロヴァキアでは、さらに進んで、ドイツの支持を得て完全独立を勝ち取ろうとする声が高まり、三九年三月、共和国政府による軍事介入をきっかけに、州議会が「スロヴァキア共和国」独立を宣言した。一方のチェコは、ドイツに占領されて保護領となった。チェコとスロヴァキアは、大きく異なる体制のもとで第二次大戦を経験することになったのである。

大戦中のスロヴァキアは、ドイツの圧倒的な影響下に置かれていたとはいえ、歴史上初めて単独の独立国となったという事実の重さもまた無視できない。その間に軍事産業などを中心に工業が発達し、経済的には活況を呈したことも、多くの人々の記憶に残された。しかし一方でファシズムに対する抵抗運動はチェコよりも激しく、四四年からは大規模な「スロヴァキア国民蜂起」が起こった。そして大きな被害を出しつつも果敢なゲリラ戦を展開した末、四五年四月にソ連軍の支援を得て首都ブラチスラヴァが解放された。翌月にはチェコも解放され、共和国は、一部の領土をソ連に割譲した以外は、ほぼ三八年以前の「第一共和国」の形で復活した。

この第二次大戦中の経験は、その後のチェコスロヴァキアに大きな影を投げかけた。スロヴァキアにおいては、ファシズムに対して果敢に抵抗したという記憶が民族の誇りとして長く保たれる一方で、わずか六年間とはいえ独立国を形成した経験が心理的に及ぼした影響も大きかった。その結果、チェコ人とスロヴァキア人を一つの国民とみなすという戦前の方針は、復活した共和国においてはすでに維持できなくなっていたのである。四八年に共産党が政権を獲得し、国家名称が「チェコスロヴァキア社会主義共和国」となり、強い中央集権体制が採用される中で、少なくとも建前の上では二つの民族は平等で対等とされた。

そして、六八年のいわゆる「プラハの春」と呼ばれる改革が残した唯一の成果として、六九年一月から、チェコとスロヴァキアの二共和国からなる連邦制が採用されることになった。

なおも国家全体は中央政府の強い統率のもとに置かれ、計画経済が基本であり、しかもプラハへの一極集中という状況は変わらなかったので、連邦制は名目的な性格が強かったが、それでも正式に「スロヴァキア共和国」の存在が認められたことは将来に向けて大きな意味を持っていた。

連合解消へ

そしてこの流れを一挙に進めることになったきっかけが、一九八九年末に共産党政権を崩壊させた体制転換、いわゆる「ビロード革命」である。多くの人々にとっては、すでに単なる抑圧としか受け取られていなかった社会主義体制を一気に転覆させた後、チェコとスロヴァキアが連邦解体にいたるまでの三年間に、両者の間ではさまざまな議論が交わされ、なかには第三者には少々理解しがたいような主張も含まれていた。急速な市場経済化をめざすチェコと、穏健な改革をめざすスロヴァキアとの間で意見が対立した点がしばしば国家分裂の原因として挙げられるが、それだけですべてを説明できるわけではないのも確かである。声高な民族的主張を表明することができなかった社会主義時代の重圧が一挙にはねのけられた時、一種の反動のような気分が訪れ、それがスロヴァキアにおいては「主権を持った独立国家」への願望を図らずも正面に押し出してしまったことも否定できない。そして、新しい国家は「チェコ-スロヴァキア」か「チェコとスロヴァキア」かといった問題、さらに国章の図柄をどうするか、すなわちチェコの国章とスロヴァキアの国章を縦横どのように配置するかという問題で議会が紛糾するという事態さえ生じてしまったのであった。

結局、九二年にチェコ首相クラウスとスロヴァキア首相メチアルの会談で、連邦解体への基本的合意が成立し、連邦議会は連邦解消法を通過させた。そして九三年一月一日、両国は正式に分離したのである。その間、両国国民の間には、完全な分離までする必要はないのではないか、もっと別の方法もあるのではないかという、どちらかというと冷めた、あるいは否定的意見の方が強かった。一応、別の民族ということにはなっているが、言葉も大体通じるし、七〇年あまり一つの国の中で暮らしてきて互いの関係も深まり、一緒にやっていくのに特に問題はない、といった気持ちができあがっていたとしても不思議ではない。「チェコスロヴァキア」という、国際的にもその名称が定着していた国家は、何とも割り切れない気持ちを多くの人々に残しながら、ヨーロッパの地図上から静かに消えていったのである。

当初は、このような小さな国がさらに二つに分かれてうまくやっていけるのか、特にスロヴァキアは大丈夫だろうかといった声も聞かれたが、両国ともに多くの問題を抱えつつも、政治的にも、経済的にもほぼ順調に新しい体制を定着させている。そして二〇〇四年五月、そろってEU（ヨーロッパ連合）に加わり、晴れて「ヨーロッパの仲間入り」を果たした。

チェコスロヴァキア共和国の民族分布(1930年頃)

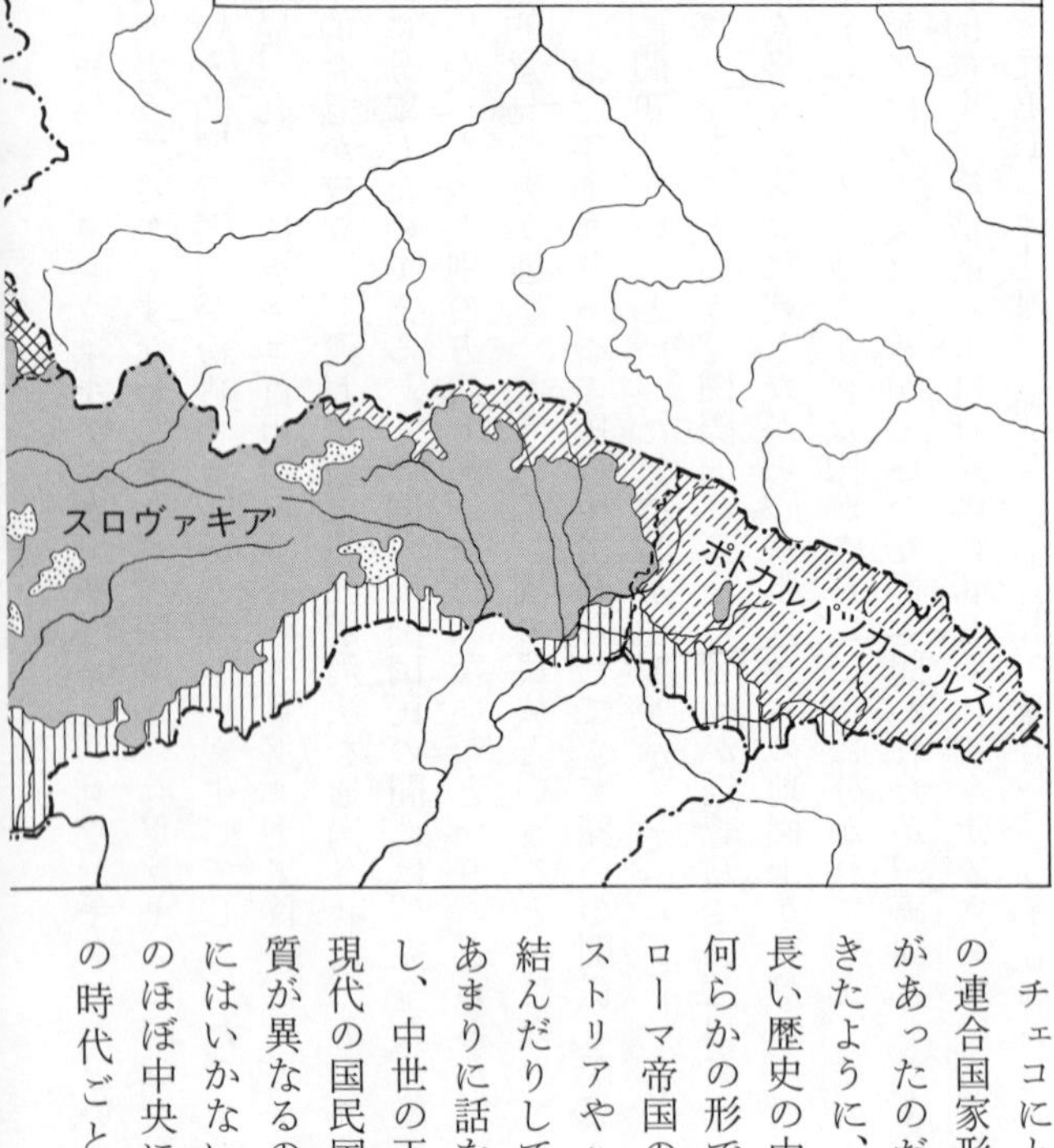

チェコにとって、スロヴァキアとの連合国家形成にはどのような意味があったのだろうか。これまで見てきたように、チェコという国はその長い歴史の中で、しばしば他の国と何らかの形で手を組んできた。神聖ローマ帝国の一部となったり、オーストリアやハンガリーと同君連合を結んだりしてきたのである。それはあまりに話を広げすぎかもしれないし、中世の王朝同士のつながりと、現代の国民国家同士の連合とは全く質が異なるので、単純に並べるわけにはいかない。しかし、ヨーロッパのほぼ中央に位置するチェコが、その時代ごとの状況に応じて、「連

合」の相手を組みかえてきた歴史の一コマと見ることはできるだろう。しかしこの場合には、明らかに相手よりもチェコの方が優位に立っていたという点でそれまでの連合とは性格が違っていたのだが。

ズデーテン・ドイツ人

チェコ人が新たに関係を結び、共同で国家を担ったのがスロヴァキア人だとすれば、本来チェコに住んでいた人々で、二〇世紀になってここからいなくなってしまった人々がいる。ドイツ人である。

第一次大戦中に進められたチェコスロヴァキアの独立運動は、連合国側が示していた「民族自決」の原則にもとづくものであった。もっとも、一九一八年一月に合衆国大統領ウィルソンが発表した有名な「一四ヵ条」は、ハプスブルク帝国に住む諸民族に「自治的発展の最大の可能性が与えられなければならない」と謳っているだけで、完全な独立国家を建設させるとは述べていない。しかし帝国の崩壊がいよいよ迫る中で、チェコ人やスロヴァキア人が独立国家を建設することは、しだいに必然性を帯びていったのである。そして新たに登場する国家は、中世以来の伝統を持つ「チェコ王冠諸邦」すなわち、チェコ、モラヴィア、そしてシレジアの一部を領土として含むことが方針として示され、それが国際的にも認められたのであった。

しかしここで、民族の分布と国家の境界線が大きく食い違うという、まさに「民族自決」の原則に反するような事態が生じた。一九世紀末以来、チェコで繰り広げられたさまざまな民族的自己主張の結果、チェコの中には、ドイツやオーストリアとの国境に近いドイツ人居住地域と、それ以外の主にチェコ人が居住する地域とが形成されていたからである。しかし一八年一一月に独立を宣言したチェコスロヴァキア政府は、この月のうちにドイツ人地域をも占領して領土に収めた。チェコの周辺部を取り巻くような形のドイツ人居住地域は、モラヴィア北部の山地の名前をとってズデーテン地方と呼ばれるようになり、チェコに住むドイツ人はズデーテン・ドイツ人と呼ばれるようになっていった。もちろん民族区分の境界線は明確ではなく、両者が入り混じって住んでいる地域も多かった。

すでに述べたように新たな共和国では、チェコ人とスロヴァキア人は一つの「チェコスロヴァキア民族」を形成するとみなされ、それ以外は少数民族とされた。一九二一年の人口統計では、総人口一三三七万人のうち、チェコスロヴァキア人が八七六万人、ドイツ人が三一二万人、ハンガリー人が七五万人、ウクライナ人が四六万人、ユダヤ人などその他が二八万人となっている。ドイツ人は少数民族とはいえ全体の四分の一近くを占めており、スロヴァキア人よりも明らかに多かった。単一の「チェコスロヴァキア民族」が存在するという政府の方針は、スロヴァキア人をドイツ人よりも少数派の立場に置かないための方策でもあったのである。

もちろん新しい共和国は、近代的民主主義国家の基本として少数民族保護政策を打ち出し、各地で二〇パーセント以上の人口を持つ少数民族は、自分の言語で教育を受け、また行政や司法の場でその言語を使用する権利が認められていた。当初、ドイツ人はチェコスロヴァキアという国家の存在を認めず、武力衝突も頻発したが、二〇年代後半になって政治や経済が一応安定してくると、チェコ人との共存路線を模索する傾向が強まり、政府にも参加するようになった。

「追放」が残した問題

しかし三〇年代の経済危機は、せっかく生じた和解の傾向をも台無しにしてしまった。軽工業が大きな比重を占めていたドイツ人地域では特に恐慌の影響が大きく、社会的な不満は共和国政府に対する分離主義的主張となって現れた。三三年にコンラート・ヘンラインによってズデーテン・ドイツ郷土戦線が結成され、これは三五年にはズデーテン・ドイツ党と改称して勢力を伸ばしていった。こうした状況がヒトラーの介入を招き、三八年にズデーテン地方はドイツに割譲され、そこに住んでいたチェコ人やスロヴァキア人は他の地域へ強制移住させられた。そして翌年、チェコ全体がドイツの保護領となったことはすでに述べたとおりであるが、この経験から、チェコ人は、ズデーテン・ドイツ人の存在こそが祖国の解体の原因であるとみなすようになった。そして共和国が復興した時には彼らはそこに住むわけにはいかないとする考えが、すでに四〇年代初めには一部に現れていたのである。伝統ある国家の中に、一九世紀以降、チェコ人とドイツ人という二つの民族が登場し、これまでともかく共存の道を探り続けてきたのだが、一九三〇年代以降の厳しい国際環境のもとで、それは不可能となってしまった。いずれかの民族がこの国家を独占することによってしかこの問題は解決しないという状況に、ついにたどりついてしまったのである。

ロンドンに置かれていたチェコスロヴァキアの亡命政権は、ファシズムに抵抗した人々を除くドイツ人の「移送」を方針に掲げた。四五年四月にスロヴァキアのコシツェで発表された綱領にも、同じことが述べられていた。そして戦争終結とともに、ドイツ人に対する報復行為が各地で繰り返され、多くの犠牲者や難民が生じた。報復は、ファシズムを支持したか否かにかかわらず、すべてのドイツ人に及んだ。八月のポツダム協定ではドイツ人の「移送」が正式に定められ、また共和国大統領に復帰したエドヴァルト・ベネシュ（一八八四～一九四八）による一連の大統領令でドイツ人の財産の没収、権利の制限などが定められ、その後組織的な強制移住が行なわれた。一九五〇年までの間に、約三〇〇万人のドイツ人がドイツやオーストリアに去り、特に南ドイツのバイエルン州にはその約四割が集中した。彼らが去った後にはチェコ人やスロヴァキア人が移り住み、またドイツ人から没収した土

10－1　プラハ旧市街にある「旧・新シナゴーグ」。奇妙な名前の由来は不明。1270年頃の創建で、プラハに残る最も古いゴシック建築の一つとしても知られる
（写真提供：チェコ政府観光局）

地や財産は、社会主義政権が農業集団化や国営化を進めるのに役立てられた。

西ドイツでは、難民として移ってきたズデーテン・ドイツ人を支援する「郷人会」が作られて、「追放」の非人道性を批判し、大統領令の撤回を求めてきた。一方、チェコスロヴァキア側では、この問題を取り上げること自体がタブーとみなされ、これは東西冷戦の緊迫した状況の中で、両国間の対話を妨げる大きな要因となってきたのである。

社会主義政権崩壊の後、ようやくこの困難な問題に解決の糸口を見出そうとする気運が生まれた。九二年の善隣友好条約では、ドイツ人追放によって犠牲が生じたことと、ミュンヒェン協定の無効が確認された。そしてようやく九七年になって、チェコ政府とドイツ政府の間に「和解宣言」が調印されて、ドイツ側はナチスによるチェコ支配がドイツ人追放の要因となったこと、チェコ側はドイツ人追放が不正なものであったことを認め、双方が謝罪した。

こうした解決は、必ずしも双方を納得させられたわけではない。自分たちはナチス政権の暴虐による被害者であるとするチェコ側から、この謝罪には多くの異論が出された。一方で、賠償や財産返還を要求し続けてきた郷人会なども、従来の立場を崩してはいない。しかしともかくこの問題は、一応の解決を見出したことになる。

中世のチェコとモラヴィアに住んだユダヤ人

先に見た一九二一年の人口統計のうち、数の上では少数だがチェコの歴史と深い関わりを持つのがユダヤ人である。そして彼らも、第二次大戦が終わった時、この国からほぼ完全に姿を消していた。これまで本書ではほとんど取り上げることができなかったが、プラハ旧市街のユダヤ人墓地や、市内に点在するシナゴーグ（ユダヤ教の宗教施設）をはじめとして、チェコやモラヴィアには、彼らが長年そこに住んできた刻印が今でもはっきりと残されている。この人々について、最後に触れておきたい。

プラハなどの街にユダヤ人が初めて姿を現した時期は、おそらくチェコという国家の成立と同じ時代にまでさかのぼるであろう。地中海沿岸地域から商人あるいは使節として訪れたのが最初であるといわれている。そして一一世紀にはプラハに最初のユダヤ人居住区が成立していた。そこに住んだのは、主にドイツなど西方から移り住んできた人々と考えられ、君主から特別の保護を受けて、金融業や各種の商業で生計を立てていた。キリスト教徒の側でいまだに経済活動が未発達な段階では、ユダヤ人の存在は君主にとっても周辺の住民にとっても有用であった。しかしすでに第一回十字軍の際、ヨーロッパの他の地域と同様、プラハでもユダヤ人襲撃事件が起こっている。これは決して人種的偏見にもとづくものではなく、キリスト教徒側の宗教的熱狂と、債権者に対する反感とが重なって起きた事件であった。

それでも、チェコやモラヴィアはドイツやフランスに比べれば、ユダヤ人が比較的安全に暮らすことのできる地域であった。経済的先進地域と比べて、キリスト教徒とユダヤ人が商売に関して競合する度合いがあまり高くなかったためである。中世後期には西欧の各地でユダヤ人追放の措置がとられているが、追放された彼らはしばしばポーランドやチェコ、モラヴィアなど東側の諸国に安全な住みかを見出した。一三世紀にはポーランド、ハンガリー、オーストリアなどの君主が、ユダヤ人の自治や宗教活動の自由などを認める法令を相次いで出しているが、チェコでもプシェミスル・オタカル二世の「ユダヤ人規定」が、この時代としては強くユダヤ人保護の姿勢を打ち出していたことで知られている。もちろんこれらの君主は、その見返りにユダヤ人から多額の税を求めたのであったが。こうしてこの時代から、国王はユダヤ人を財産として所有し保護下に置くという体制がとられるようになった。とはいえキリスト教徒側の反感もしだいに強くなり、一三八九年にはプラハで大規模なユダヤ人迫害事件が起こっている。国王は両者の衝突を避けるため、ユダヤ人には特別の居住区での生活を義務づけ、いわゆる隔離政策をとった。

迫害と保護のはざまで

一五世紀以降のチェコに生じた変化は、ユダヤ人にもまた大きな影響を与えた。彼らを保護する立場にある国王の権力が弱まり、代わって貴族が勢力を拡大すると、彼らの保護を頼って、農村や地方都市に移り住み、そこで商工業を営むユダヤ人が増えてきたのである。一方でプラハなどの都市は、かつての王権に代わって、ユダヤ人を「市の財産」とみなして高額の税を課した。そしてキリスト教徒と競合しないように、彼らの営業にはさまざまな厳しい制限を設けた。

一六世紀以降、チェコを支配したハプスブルク家は、基本的に、ユダヤ人を自分たちの財産として保護するという中世以来の政策を受け継いだ。プラハはこの時代には、ヨーロッパ最大のユダヤ人居住区を抱える都市の一つとなり、ヘブライ語の出版所なども設けられて、いわばユダヤ人の一大文化センターであった。しかし一方で、彼らはキリスト教徒の市民にとってますます歓迎されざる存在になっていた。一五四一年にプラハで生じた大火は、さまざまなデマを伴って、反ユダヤ感情を一気に高めるきっかけとなり、フェルディナント一世は、やむを得ずユダヤ人追放を承認した。ただしあまり徹底した追放令ではなく、プラハを去ったユダヤ人は、農村に移って貴族に保護され、しばらくすると再びプラハに戻ったらしい。しかしこれは、その後一八世紀まで何回も繰り返されるユダヤ人追放令の最初のものとなった。

その後、ルードルフ二世などの君主がユダヤ人を特に保護したのは有名な話であるが、もちろんそこには、対オスマン帝国戦争などで多大な出費を強いられている国王が、ユダヤ人銀行家の財産に期待したという背景がある。一方ユダヤ人側にとってもハプスブルク家はなおも心強い保護者であって、一六四八年のプラハの市街戦の際には、一部のユダヤ人が市民に混じってスウェーデン軍と戦ったという。

しかし彼らの追放を要求する市民の声は時代を追ってさらに強くなった。こうした中で、一七二六年、皇帝カール六世は、「家族法」を発布して、結婚している成人男性にのみユダヤ人としての正式な居住許可を与えた。そして居住できるユダヤ人家族の数をチェコで八五四一、モラヴィアで五一〇六と定めた。きわめて厳格な規定であったが、少なくともこの数の範囲内で居住の許可を認めたという側面があるのも事実である。この後、マリア・テレジアが再びユダヤ人追放の方針を打ち出すなど、皇帝側の対応は揺れ動くが、一七二六年の法令は、実に一九世紀半ばに廃止されるまで効力を保ったのである。

ユダヤ人の地位に大きな変化をもたらしたのは、まず一八世紀末の、ヨーゼフ二世による改革である。隔離政策は撤廃され、ユダヤ人もわずかの例外を除いてあらゆる営業が可能となった。大学への進学も認められ、また司法制度も改革されてユダヤ人とキリスト教徒は同じ扱いを受けることになった。こうした政策は、ユダヤ人の地位改善をめざしていたというよりも、宗教の別を問わず、あらゆる臣民を国家のもとに統合しようとする彼の基本方針の表われであった。

チェコの近代社会とユダヤ人

しかし新しい時代の流れはユダヤ人にも及んでいた。啓蒙思想や自由主義思想の影響を受け、彼らの中からも、近代社会に積極的に参加しようとする人々が現れてきた。居住制限や職業制限を解かれて、都市で商工業や銀行業を営み、あるいは知識人として活躍するユダヤ人の中から、実際にその地域の社会を指導するエリート的立場に立つ人々も成長してきたのである。チェコやモラヴィアでは、こうした人々は、伝統的な日常用語であるイディッシュ語（ドイツ語をもとにしてユダヤ人共同体の中で形成されてきた言語）を捨ててドイツ語を用い、ドイツ人とほとんど変わらない生活をするようになっていた。時には、ユダヤ人としてのアイデンティティーの核ともいうべきユダヤ教をも捨ててキリスト教に改宗し、完全にドイツ人へと同化する場合もあった。こうした傾向と軌を一にするかのようにプラハのユダヤ人居住区は取り壊され、いくつかのシナゴーグや墓地を残して、他はすべて一九世紀風の市街へと改造された。

チェコやモラヴィアにおいては、ここで特別な事情が生じる。一九世紀になり、チェコ語もまた一つの民族の言語とみなされるようになると、チェコ人社会への同化という道を選択するユダヤ人が、しだいに増えていったのである。

しかし一方で、キリスト教徒側がユダヤ人を見る目も、一九世紀以降はそれ以前とは全く異なっていた。ヨーロッパ各地に国民社会が成立するなか、ユダヤ人は単なる異教徒として の存在ではなく、ヨーロッパを構成する諸民族とは根本的に違った人種であり、本質的な他者であるとみなされるようになっていったのである。ここから生じる反ユダヤ主義は、それまでのような突発的な暴動や迫害ではなく、より本質的な差別感情にもとづいたものとなる。この事態に直面したユダヤ人の中には、自分たちを単なる「ユダヤ教徒」ではなく一つの民族として確立しようとする傾向も生じた。

こうした状況において、一九一八年に成立したチェコスロヴァキア共和国は、画期的な意味を持っていた。それは世界で初めて、ユダヤ人を一つの民族として認める国家であったからである。そこには、ドイツ人社会へ、あるいはチェコ人社会へ同化し、自らがユダヤ系であることさえほとんど忘れ去っていた人々もいたし、日常的にはドイツ語やチェコ語を用いつつも、自らの「ユダヤ性」にこだわり続けた人々もいた。彼らは、第一次大戦後のチェコスロヴァキアの中で、どの社会にも完全には収まりきらない非常に不安定な存在であった。

しかしこうした時代にフランツ・カフカやマックス・ブロートなどユダヤ系の人々によって生み出された文学や、激しい迫害のなかで生涯を終えたエルヴィン・シュールホフやヴィクトル・ウルマンなど最近脚光を浴びているユダヤ系作曲家による音楽もまた、まぎれもなくチェコという国の生み出した重要な文化の一つなのである。三〇年代に入ると、隣国ドイツで反ユダヤ主義が高まるなか、プラハは一時的だが亡命者たちの拠点にもなった。しかし結局、ナチスの支配はチェコにも及び、ユダヤ人の存在はチェコにおいても許されなくなった。

さらに新しい時代へ

この章の最初に述べたように、二〇世紀に入ってからのチェコは、いくつもの激動に見舞われた。この章では特にそうした過程を追うことはできなかったし、ここでは取り上げなかった大きな事件もいくつもある。そしてチェコという国は、この一〇〇年の間で大きく変貌した。そうした過程において、数々の、取り返しのつかないできごとも生じた。それは二〇世紀のヨーロッパ全体が経験した激動の歴史の一部であり、さらに大きく見れば、国民という単位によって構成される国際社会を築き上げていった近代世界の流れの一部でもある。チェコもまた、チェコ人という一つの国民によって構成される近代国家へと変貌していった。今、われわれの目の前にあるチェコという国の姿は、そうした歴史が必然的に作り上げてきたものなのである。国の将来について、人々はそれぞれの展望を描くであろうが、一度生じた変化は、もはやもとに戻すわけにはいかない。

そして現在、チェコはEUの仲間入りをして、ヨーロッパ諸国との間を隔てていた垣根は取り払われ、世界の多くの国々とも広く交流するようになった。その変化もまた、あまりにめまぐるしい。首都プラハのみでなく各地の都市に多くの外国人が暮らすようになり、またチェコの人々も積極的に外国に進出している。チェコがこれほど開かれた国になったのは、おそらく歴史上初めてのことであろう。そして年間膨大な数の人々が、ヨーロッパ有数の美しい古都プラハや、緑豊かな国土に展開する魅力的な風景を楽しもうとチェコをめざし、迎える側もここぞとばかりに観光客をあてこんだビジネスの工夫をこらしている。

湧き上がるようなナショナリズムの中で幕開けしたチェコの現代の歴史も、現在、これまでなかったほど多くの人々がこの国を行き交うなか、早くも次の曲がり角に差しかかっているのかもしれない。

あとがき

私が留学生として初めてプラハのルズィニェ空港に降り立ってから、ちょうど二〇年になる。これが首都の空港かと思うほど小さなターミナルビルなのに驚いたが、周囲に広がる原野や森の美しさもまた印象的だったのを覚えている。そして留学生活を始めた私を待ち受けていたのは、日本とは全く異なる体制で、日本にあるような過剰なサービスとは一切無縁のそっけない社会であったが、これも慣れていくうちに、人々が地道にゆったりと暮らす社会の自然な温かさが徐々に感じられるようになっていった。そして何よりも、ただ歩き回るだけで数百年の歴史の中に埋没できるようなプラハの市街地の魅力にすっかりとりつかれ、授業の予習もそこそこに、ひたすら街中を探索してまわる日々を過ごした。

その後今日までの間に、プラハが、そしてチェコ全体が大きく変わったことについては、今さらあれこれいうまでもない。この国を訪れるたびに目につくのは、新たに建設された機能的なオフィスビルや巨大なショッピングセンター、大規模な工場などである。人々の生活のテンポも、明らかにあわただしく、せわしないものになった。それらは確かに、最初に私がこの国から得た印象からはだいぶかけ離れているが、ヨーロッパの、あるいは世界全体の流れから取り残されていたかつての姿の方が不自然だったというべきだろう。

それに、風景や暮らしが急激に変わりつつあるといっても、それはまだまだほんの一部である。プラハのような大都市でも、仕事帰りにカフェや居酒屋でくつろぐ人々の表情は以前と変わらないし、休日ともなれば、市民たちも私のような暇な旅行客と同じようにのんびりと街中を散歩している。プラハの市街地も、新たな要素がいくぶんか加わったとはいえ、中心部の重厚な美しさは基本的には保たれている。そして一旦プラハを離れて地方都市に行けば、田園風景の中にぽつんとたたずむ素朴な街並みが、いつまでも変わらずに残されている。こうした街の広場などで、眠ったようにゆったりと流れる時間を過ごしていると、自分のまわりの空気はこの何百年かの間ほとんど変わっていないのではないかとさえ思えてしまう。

こうしてチェコという国に親しむにつれ、ここで展開した歴史を虚心にたどってみたいという気持ちは私の中でしだいに強くなっていった。歴史を虚心に見つめるなどということが実際にできるのかどうかはわからない。しかしどうもチェコの歴史は、ある一定の先入観を持って語られることが多すぎるのではないか、特定のイメージだけが先行していないだろうかといった疑問は常に私の念頭にあった。かつてチェコの歴史書の中では、ハプスブルク家がこの国を強力に支配した一七世紀から一九世紀までの時代は、「テムノ」すなわち「暗黒時代」と呼ばれていたという。それにしては、この国が世界の人々に誇る文化遺産にはこの時代のものが多いことも、何とも不思議であった。ヨーロッパという陸地のほぼ中央で、まわりの地域と深く関わってきたチェコの歴史は、今まで自分が考えてきたよりもはるかに多彩なものらしいことにも、わずかだが気づくようになってきた。

そこで本書の執筆の話があった時、自分がおぼろげながら考えているチェコの歴史をとりあえず形にしてみる機会と受けとめて、この仕事にとりかかってみることにした。とはいえ私の知識や勉強量などは、まだまだチェコの歴史のほんの入り口にたどり着けたかどうかという状況であり、多彩な歴史を描き出すにはほど遠いことも、十分自覚している。特に、私の研究領域から外れている近代以降の歴史については、ほんの断片的にしか扱えなかった。そして、チェコの歴史というタイトルでありながら、一部の章を除いて話がプラハに集中してしまったのも、この国の性格からして仕方のない面もあるとはいえ、自分としてはどうにも不満が残る。日本の五分の一そこそこの面積しかない小さな国でありながら、驚くほど奥深いその歴史の中へと、今からまた少しずつ探求の道をたどっていくしかない。

本書の全体構想にも、そして細部にも、これまでチェコやヨーロッパの歴史について議論し、意見を交わし、雑談した多くの研究者の方々から得た発想や知見が取り入れられている。

個々にお名前をあげることはできないが、そうした方々に深い感謝の意を表したい。そして最後になったが、私に本書の執筆の機会を与え、すぐに筆が止まってしまう私を励まして最後まで仕事を見守ってくださった中央公論新社の松室徹氏に、心からお礼を申し上げたい。

二〇〇六年一月三〇日

薩摩秀登

チェコ略年表

西暦年	チェコ史関連	その他
六〜七世紀	スラヴ人の移住・拡大	
八〇〇		カール大帝、西ローマ皇帝戴冠
八二〇頃	モラヴィア王国成立	
八六三頃	モラヴィア王ロスチスラフ、宣教師派遣をビザンツ皇帝に要請	
八八〇年代	プシェミスル家のボジヴォイ、モラヴィアで洗礼を受ける （プシェミスル王朝　〜一三〇六）	
八八五	メトディオス、モラヴィアにて死去	
九〇六頃	モラヴィア王国消滅	
九二九	ヴァーツラフ（聖）暗殺される（一説に九三五年）	

九六二		オットー一世皇帝戴冠（神聖ローマ帝国の始まり）
九七三	プラハ司教座創設	
一〇三二	サーザヴァ修道院創設（スラヴ語による典礼）	
一〇六三頃	オロモウツ司教座創設	
一〇九六		第一回十字軍派遣される
一一二二		ヴォルムス協約（叙任権闘争終結）
一二一二	プシェミスル・オタカル一世、シチリアの「金印勅書」を皇帝フリードリヒ二世より獲得	
一二三四	プシェミスル家のアネシュカ、女子修道院院長となる	
一二五〇	紅星騎士団創設	
一二七八	プシェミスル・オタカル二世敗死	
一三〇六	ヴァーツラフ三世暗殺される（プシェミスル家断絶）	

一三一〇	ヨハン即位（ルクセンブルク王朝〜一四三七）	
一三四四	プラハ司教座、大司教座に昇格	
一三四八	プラハ大学（カレル大学）創設。プラハ新市街創設	
一三五六		カレル四世、「金印勅書」発布
一三七八		教会大分裂起こる（〜一四一七）
一三八九	プラハでユダヤ人街襲撃事件起こる	
一四〇二	フス、ベトレーム礼拝堂の説教師となる	
一四〇九	ヴァーツラフ四世、プラハ大学の機構を改編	
一四一五	フス、コンスタンツで刑死	
一四二〇	フス派戦争始まる（〜三六）	
一四三四	リパニの戦い（急進フス派の敗北）	
一四三六	バーゼル公会議とフス派の和解成立	
一四五八	フス派貴族ポジェブラディのイジーが国王に選出される	

一四七一	ヴワディスワフ即位（ヤゲウォ王朝　〜一五二六）	
一五一七		ルターが「九五箇条の提題」を発表
一五二六	モハーチの戦いで国王ルドヴィーク戦死。フェルディナント一世即位（ハプスブルク王朝　〜一九一八）	
一五四六		シュマルカルデン戦争（〜四七）
一五四七	プロテスタントの叛乱起こる	
一五四九	イジー・メラントリフが聖書を出版	
一五五六	プラハにイエズス会の修道院と学院が創設される	
一五六四	教皇により、チェコとモラヴィアで両形色聖餐が認められる	
一五七五	プロテスタント各派が合同で「チェコの信仰告白」作成	
一五八三	ルードルフ二世、宮廷をプラハに移転	
一六〇九	ルードルフ二世、「チェコの信仰告白」を正式承認	
一六一七	マティアス、宮廷をウィーンに戻す	

一六一八	プロテスタントの叛乱起こる	三十年戦争開始（〜四八）
一六二〇	ビーラー・ホラの戦いでプロテスタント側が敗北	
一六二七	フェルディナント二世、「改訂領邦条令」発布	
一六四八	スウェーデン軍がプラハを攻撃	ヴェストファーレン条約締結
一六五四	プラハ大学の名称が「カール・フェルディナント大学」となる	
一六九九		カルロヴィッツの和約。ハンガリー全土がハプスブルク領となる
一七二〇	議会が「プラグマティシェ・ザンクツィオン」を承認	
一七四〇	オーストリア継承戦争起こる（〜四八）	
一七四九	チェコとオーストリアの行政局が統合される	
一七五六	七年戦争起こる（〜六三）	
一七七三	マリア・テレジア、イエズス会解散を命令	

一七七五	農民叛乱起こる	アメリカ独立戦争起こる
一七八一	ヨーゼフ二世、寛容令および農奴制廃止令を発布	
一七八三	プラハにノスティッツ劇場完成	
一七八四	プラハの四市街（旧市街、新市街、小市街、フラチャニ）統合	
一七八七	プラハで『ドン・ジョヴァンニ』初演	
一七八九		フランス大革命起こる
一八〇四	フランツ二世、オーストリア帝国皇帝を称す	
一八〇六		神聖ローマ帝国廃止
一八一四		ウィーン会議開催（〜一五）
一八三六	パラツキー『チェコ史』第一巻刊行	
一八四八	プラハでスラヴ人会議開催（六月）プラハで暴動起こる（六月）	パリで二月革命起こる
一八五一	帝国政府「ジルヴェスター勅令」発布	
一八六一	帝国政府「二月勅書」発布。帝国議会および領邦議会復活	
一八六六	プロイセン・オーストリア戦争起こる	

チェコ略年表

一八六七	オーストリア・ハンガリー二重帝国成立	
一八八〇	シュトレマイアーの言語令	
一八八一	プラハ国民劇場完成（同年焼失、八三年再建）	
一八九一	プラハで一〇〇周年記念博覧会開催される	
一九一四		第一次大戦起こる
一九一七		ロシア十月革命起こる
一九一八	チェコスロヴァキア共和国建国宣言。マサリクを大統領に選出	第一次大戦終結
一九二九		世界恐慌起こる
一九三三	ヘンライン、ズデーテン・ドイツ郷土戦線結成	
一九三八	ミュンヒェン会談（九月）。ドイツ軍がズデーテン地方占領開始（一〇月）	
一九三九	スロヴァキア独立宣言（三月）。チェコとモラヴィアがドイツの保護領となる（三月）	第二次大戦起こる
一九四四	「スロヴァキア国民蜂起」起こる（八月）	
一九四五	プラハ解放（五月）	第二次大戦終結

一九四八	共産党政権成立（二月）
一九六八	ワルシャワ条約機構軍がチェコスロヴァキア領内侵入（八月）
一九六九	チェコスロヴァキアが連邦制導入（一月）
一九七七	自由派知識人が「憲章七七」を発表（一月）
一九八九	民主化要求デモにより、共産党の一党独裁終わる。ハヴェルを大統領に選出（一二月）
一九九三	チェコスロヴァキア解体。チェコ共和国およびスロヴァキア共和国成立（一月）
二〇〇四	チェコおよびスロヴァキア、EU（ヨーロッパ連合）加盟（五月）

参考文献

一、参考図書
中欧や東欧は日本人にはなじみの薄い地域であったが、最近は入門書も増えてきた。この地域全体について概要を得るには、次のような参考図書がある。

森安達也『ビザンツとロシア・東欧』（ビジュアル版世界の歴史9）山川出版社、一九八六年。

沼野充義（監修）『中欧――ポーランド・チェコ・スロヴァキア・ハンガリー』新潮社、一九九六年。

伊東孝之、直野敦、萩原直、南塚信吾（監修）『東欧を知る事典（新訂増補）』平凡社、二〇〇一年。

チェコとスロヴァキアの歴史、経済、社会、文化に関しては、次の本で各分野の専門家が解説している。

薩摩秀登（編著）『チェコとスロヴァキアを知るための56章』明石書店、二〇〇三年。

二、通史（中欧、東欧、ハプスブルク帝国）
チェコを含めた地域の通史としては次の三冊を挙げておこう。ただし最初のものは中世までを扱っている。

井上浩一、栗生沢猛夫『ビザンツとスラヴ』（世界の歴史11）中央公論社　一九九八年。

南塚信吾（編）『ドナウ・ヨーロッパ史』（世界各国史19）山川出版社、一九九九年。
山田朋子『中東欧史概論』鳳書房、二〇〇一年。

ハプスブルク帝国史についてはすでにいくつかの文献があるが、チェコ史との関連で特に興味深いのは次の二冊である。特に後者は民族問題に揺れる一九世紀の帝国を豊富な史料を用いて解説している。

ヴァンドルツカ、A.（江村洋訳）『ハプスブルク家』谷沢書房、一九八一年。
コーン、H.（稲野強、小沢弘明、柴宜弘、南塚信吾共訳）『ハプスブルク帝国史入門』恒文社、一九八二年。

また、次の一冊はハンガリー史の一部として書かれたものだが、本書の第八章がとりあげた啓蒙絶対主義に関する興味深い叙述が含まれている。

バラージュ、エーヴァ・H.（渡邊昭子、岩崎周一訳）『ハプスブルクとハンガリー』成文社、二〇〇三年。

中欧や東欧の現代史についてはすでに多くの文献があるが、ここでは、同一の著者による包括的でしかも詳しい次の二冊を挙げておきたい。

ロスチャイルド、J.（大津留厚監訳）『大戦間期の東欧——民族国家の幻影』刀水書房、一九九四年。
ロスチャイルド、J.（羽場久浘子、水谷驍訳）『現代東欧史——多様性への回帰』共同通信社、一九九九年。

三、チェコの歴史

チェコの歴史に絞って書かれた文献はまだ多くない。中世から近世を扱ったものとしては次の四冊がある。

山中謙二『フシーテン運動の研究――宗教改革前史の考察』聖文舎、一九四八年(第二版一九七四年)

エヴァンズ、R.J.W.(中野春夫訳)『魔術の帝国――ルドルフ二世とその世界』平凡社、一九八八年。

薩摩秀登『王権と貴族――中世チェコにみる中欧の国家』日本エディタースクール出版部、一九九一年。

薩摩秀登『プラハの異端者たち――中世チェコのフス派にみる宗教改革』現代書館、一九九八年。

また、次は第一共和国成立にいたる過程を、チェコおよび帝国政府の動きを重点に描き出したものである。

林忠行『中欧の分裂と統合――マサリクとチェコスロヴァキア建国』中公新書、一九九三年。

次はチェコとスロヴァキアの簡略な通史。

薩摩秀登『図説 チェコとスロヴァキア』河出書房新社、二〇〇六年。

四、プラハ
独特な雰囲気を漂わせる街プラハについて詳しく知りたい方には、次の二冊をお薦めしたい。

チハーコヴァー、V.『プラハ幻景――東欧古都物語(新版)』新宿書房、一九九三年。

石川達夫『プラハ歴史散策――黄金の劇場都市』講談社+α新書、二〇〇四年。

外国語の参考文献は、直接参照した主なもののみ挙げておく。

Bahlcke, Joachim/Eberhard, Winfried/Polívka, Miloslav (hrsg.), *Handbuch der historischen Stätten, Böhmen und Mähren*, Stuttgart 1998.

Bělina, Pavel/Valšubová, Alena, *Mozart a jeho Praha* (Slovo k historii 31) Praha 1991.

Bláhová, Marie/Frolik, Jan/Profantová, Nad'a, *Velké dějiny zemí koruny české I. do roku 1197,* Praha 1999.

Bosl, Karl (hrsg.), *Lebensbilder zur Geschichte der böhmischen Länder 1.* München/Wien 1974.

Čornejová, Ivana, *Dějiny univerzity Karlovy II 1622-1802*, Praha 1995.

Fiala, Zdeněk, *Přemyslovské Čechy*, Praha 1965.

Hoensch, Jörg K., *Geschichte Böhmens. Von der slavischen Landnahme bis ins 20. Jahrhundert*, C. H. Beck 1987.

Kavka, František, *Karel IV. Historie života velkého vladaře*, Praha 1998.

Kolář, František/Hlavačka Milan, *Jubilejní výstava 1891* (Slovo k historii 28), Praha 1991.

Ledvinka, Václav/Pešek, Jiří, *Praha,* Praha 2000.

Mikulka, Alois, *Anežka Přemyslovna* (Slovo k historii 13). Praha 1987.

Pěkný, Tomáš, *Historie Židů v Čechách a na Moravě*. Praha 1993.

Pešek, Jiří, *Jiří Melantrich z Aventýna* (Slovo k historii 32), Praha 1991.

Polc, Jaroslav, *Agnes von Böhmen 1211-1282. Königstochter-Äbtissin-Heilige*. München 1989.

Poulík, Josef, *Velká Morava. Cyrilo-metodějská mise* (slovo k historii 29), Praha 1985.

Seibt, Ferdinand (hrsg.), *Lebensbilder zur Geschichte der böhmischen Länder 3*. München/Wien 1978.

Seibt, Ferdinand, *Karl IV. Ein Kaiser in Europa 1346 bis 1378*, München 1978.

Stanková, Jaroslava/Voděra, Svatopluk, *Praha gotická a barokní*, Praha 2001.

Šmahel, František, *Husitská revoluce I–IV*. 2. vyd. Praha 1996–1997.

Vorel, Petr, *Páni z Pernštejna. Vzestup a pád rodu zubří hlavy z dějinách Čech a Moravy*, Praha 1999.

Werner, Ernst, *Jan Hus. Welt und Umwelt eines Prager Frühreformators*. Weimar 1991.

薩摩秀登（さつま・ひでと）

1959年（昭和34年），東京都生まれ．一橋大学社会学部卒業．同大学大学院社会学研究科博士課程修了．現在，明治大学経営学部教授．
著書『王権と貴族』（日本エディタースクール出版部）
『プラハの異端者たち』（現代書館）
『図説 チェコとスロヴァキア』（河出書房新社）
『チェコとスロヴァキアを知るための56章』（編著・明石書店）

物語《ものがたり》 チェコの歴史《れきし》
中公新書 *1838*

2006年3月25日初版
2018年4月15日5版

著 者 薩摩秀登
発行者 大橋善光

本文印刷 三晃印刷
カバー印刷 大熊整美堂
製 本 小泉製本

発行所 中央公論新社
〒100-8152
東京都千代田区大手町1-7-1
電話 販売 03-5299-1730
編集 03-5299-1830
URL http://www.chuko.co.jp/

Published by CHUOKORON-SHINSHA, INC.
Printed in Japan ISBN4-12-101838-9 C1222

中公新書刊行のことば

一九六二年一一月

いまからちょうど五世紀まえ、グーテンベルクが近代印刷術を発明したとき、書物の大量生産は潜在的可能性を獲得し、いまからちょうど一世紀まえ、世界のおもな文明国で義務教育制度が採用されたとき、書物の大量需要の潜在性が形成された。この二つの潜在性がはげしく現実化したのが現代である。

いまや、書物によって視野を拡大し、変りゆく世界に豊かに対応しようとする強い要求を私たちは抑えることができない。この要求にこたえる義務を、今日の書物は背負っている。だが、その義務は、たんに専門的知識の通俗化をはかることによって果たされるものでもなく、通俗的好奇心にうったえて、いたずらに発行部数の巨大さを誇ることによって果たされるものでもない。現代を真摯に生きようとする読者に、真に知るに価いする知識だけを選びだして提供すること、これが中公新書の最大の目標である。

私たちは、知識として錯覚しているものによってしばしば動かされ、裏切られる。私たちは、作為によってあたえられた知識のうえに生きることがあまりに多く、ゆるぎない事実を通して思索することがあまりにすくない。中公新書が、その一貫した特色として自らに課すものは、この事実のみの持つ無条件の説得力を発揮させることである。現代にあらたな意味を投げかけるべく待機している過去の歴史的事実もまた、中公新書によって数多く発掘されるであろう。

中公新書は、現代を自らの眼で見つめようとする、逞しい知的な読者の活力となることを欲している。

世界史

中公新書

世界史

2050 新・現代歴史学の名著 樺山紘一編著
2223 世界史の叡智 本村凌二
2267 世界史の叡知 悪役・名脇役篇 本村凌二
2253 禁欲のヨーロッパ 佐藤彰一
2409 贖罪のヨーロッパ 佐藤彰一
2467 剣と清貧のヨーロッパ 佐藤彰一
1045 物語 イタリアの歴史 藤沢道郎
1771 物語 イタリアの歴史 II 藤沢道郎
1100 皇帝たちの都ローマ 青柳正規
2413 ガリバルディ 藤澤房俊
2152 物語 近現代ギリシャの歴史 村田奈々子
2440 バルカン―「ヨーロッパの火薬庫」の歴史 M・マゾワー 井上廣美訳
1635 物語 スペインの歴史 岩根圀和
1750 物語 スペインの歴史 人物篇 岩根圀和
1564 物語 カタルーニャの歴史 田澤耕

1963 物語 フランス革命 安達正勝
2286 マリー・アントワネット 安達正勝
2466 ナポレオン時代 A・ホーン 大久保庸子訳
2027 物語 ストラスブールの歴史 内田日出海
2318 2319 物語 イギリスの歴史(上下) 君塚直隆
2167 イギリス帝国の歴史 秋田茂
1916 ヴィクトリア女王 君塚直隆
1215 物語 アイルランドの歴史 波多野裕造
1546 物語 スイスの歴史 森田安一
1420 物語 ドイツの歴史 阿部謹也
2304 ビスマルク 飯田洋介
2434 物語 オランダの歴史 桜田美津夫
2279 物語 ベルギーの歴史 松尾秀哉
1838 物語 チェコの歴史 薩摩秀登
2445 物語 ポーランドの歴史 渡辺克義
1131 物語 北欧の歴史 武田龍夫
2456 物語 フィンランドの歴史 石野裕子

1758 物語 バルト三国の歴史 志摩園子
1655 物語 ウクライナの歴史 黒川祐次
1042 物語 アメリカの歴史 猿谷要
2209 アメリカ黒人の歴史 上杉忍
1437 物語 ラテン・アメリカの歴史 増田義郎
1935 物語 メキシコの歴史 大垣貴志郎
1547 物語 オーストラリアの歴史 竹田いさみ
1644 ハワイの歴史と文化 矢口祐人
2442 海賊の世界史 桃井治郎
518 刑吏の社会史 阿部謹也
2451 トラクターの世界史 藤原辰史
2368 第一次世界大戦史 飯倉章

現代史